SI QUIERES, PUEDES

JOSÉ MANUEL ALFONSO DOMINGO

SI QUIERES, PUEDES

© Obra: SI QUIERES, PUEDES

Primera edición: Enero, 2025
Segunda edición: Septiembre, 2025

© Autor: JOSÉ MANUEL ALFONSO DOMINGO

ISBN: 979-13-990400-6-7
Depósito Legal: M-18703-2025

© Editado por VISION LIBROS www.visionlibros.com

Gestión, promoción y distribución: Límbica Ediciones S.L.
C./ Puentelarra, 68, 2º A, 28031 Madrid. España.
Tlf: 0034 91 3117696 // Email: pedidos@limbicaediciones.es
www.visionnet-libros.com

Disponible en librerías físicas y online.

Las opiniones expresadas en este trabajo son exclusivas del autor. No reflejan necesariamente las opiniones del editor, que queda eximido de cualquier responsabilidad derivada de las mismas.

PRÓLOGO

El título de un libro, además de ser el primer contacto que la obra nos ofrece, es también una sugerencia que se hace al lector, a su curiosidad, lo que le induce a introducirse a la lectura.

En el caso de SI QUIERES, PUEDES, el autor José Manuel Alfonso Domingo nos ofrece con el título además una relación directa con el lector, y afirma la confianza de la parte, y la importancia del tema tratado para el desarrollo humano, psicológico y social, en su propio interés como persona.

El primer capítulo de los tres en que se divide la obra, "La llamada de Pilar", el autor nos muestra su recorrido personal, como la base vivencial sobre la que construye el campo teórico que mostrará a lo largo del libro.

Es ésta una forma también de dar importancia al camino existencial que cada individuo va registrando al paso de los días y los años en la construcción de su propio ser racional.

En el segundo capítulo "Desarrollo de términos y forma de actuar", se señala una entrada en el comportamiento conductual que marcan evidencias tales como la actitud en tanto que facilitador o no, de los aspectos que lleva consigo para la vivencia personal y que aprovecha el autor para marcar la relación cuerpo-mente, unidad que debemos concienciar como determinante en los avatares que alcanzará a la persona.

En este capítulo, marcamos su importancia, la estrecha relación con las normas de conducta, actitudes, hábitos, predisposiciones, comunicación, advertencias... que atienden e influyen en la formación de la personalidad como la confianza, la tolerancia, la paciencia, por citar algunas.

Destaco dos apartados que me parecen de gran sentido, por lo que se dice y por el ámbito que pueden alcanzar, que son "la palabra" y dentro de la palabra el pensamiento, y otro "la salud", que destaca el proceso de la curación, dos puntales que nos marcan a todos, el camino, en los que podemos influir a la vez que nos influyen.

A lo largo de la obra, dentro de una reflexión consciente, podemos ver la preocupación didáctica del autor, lo que va marcando el enfoque de la misma.

En el tercer capítulo del libro, "La reflexión", el autor, manifiesta decididamente la comunicación con el lector desde una reflexión que apunta más decididamente lo ético-conductual, en dirección de la importancia de la voluntad, muy en relación directa con el propio título de la obra "Si quieres, puedes", marcando actitudes que determinan la conducta, al menos facilitando objetivos deseables dentro del desarrollo humano.

Este capítulo es sustancial en la obra porque gira en el eje de la intención del libro, que es la importancia del tema base que se asienta en la conducta y en la trascendencia que acompaña a la ética, como modelo de convivencia y en también con cierto índice religioso.

En resumen, mirada en su totalidad la obra debemos destacar:

Primero como importante, la intencionalidad del autor, resaltando los dos vectores o líneas de actuación, por una parte, la formación del individuo como ser personal, y otra como facilitador de la convivencia humana.

Segundo el desarrollo gradual de los temas de acuerdo al propósito del libro, la facilidad de la exposición en el campo de los lectores.

Tercero la intencionalidad didáctica -humanística- ética de su propósito, abordando al hombre en su cosmos personal psicológico, en el universo de la humanidad, en relación con el espíritu que trasmite la obra.

El estudio de nuestras propias acciones como la reflexión, la aplicación de conocimientos psicológicos, entre otros, nos lleva a una introspección y conclusión personal e individual, a través del "método" que podemos deducir como ayuda a nuestra realidad, en el camino marcado por la vida, desde el conocimiento y la responsabilidad personal que en ellas mismas llevan, así como también el compromiso social y moral, evidenciando en la obra, de ayuda o guía que trasciende a "los otros".

Recomiendo su lectura, por este recorrido que de forma tan personal ha escrito José Manuel Alfonso Domingo y que dará sin duda satisfacción, una vez terminada la obra.

El libro concluye con el "agradecimiento" muy expresivo.

9

Solamente me queda felicitar al autor por esta obra, por la ilusión y el tiempo que le ha dedicado, y me consta que es un peldaño más que él mismo ha marcado en su escalera personal.

Milagros López-Salvador Díaz

Primera parte
RECORRIDO PERSONAL

Todo es decidir y empezar

La llegada de esta decisión de querer poner en el conocimiento escritos que tenía hace tiempo. Fue debido a un sueño que me decía. ¿Por qué no te decides? Y esa es la actitud, ¡decisión! Y lo quiero hacer en este libro con un planteamiento sencillo, humilde y honesto a las distintas experiencias de mi vida, desde mi nacimiento, pasando por las distintas etapas de la vida, hasta nuestros días, para que llegue a todos los públicos, descartando un lenguaje más técnico, siendo más comprensible desde un lenguaje sencillo y entendible. No siempre está a gusto de todos. Es difícil tener el cien por cien, pero me conformo con tener el cincuenta y uno por cien. Como humano no soy todo lo perfecto que quisiera ser. También me equivoco y en momentos hubo veces que no hice lo mejor, tal vez porque no lo sabía, o era lo mejor que sabía hacer. Cuando reflexiono sobre actos y circunstancias que hice originando lo menos bueno. Pido perdón por no haberlo hecho mejor de lo que hice. Eso es lo mejor que sabía hacer. Hoy me doy cuenta que había otra forma de mejorarlo.

En ocasiones por expresar el buenismo, perjudicándome y a la vez perjudicando el entorno. Observando que no es necesario castigarme y castigar. Sino ser lo correcto e ir con la legalidad y justicia. Siendo para mi justo y al entorno también. La verdad solo tiene un camino. Aunque el acto ya estuviera hecho. Dicen: "Rectificar es de sabios, y más vale tarde que nunca" o "nunca es tarde si la dicha es buena" Hoy recapacitando rectifico esos actos, pequeños actos que originaron un malestar a la otra parte. Era mi verdad, mi razón que tenía en ese momento. Y a lo hecho pecho. Solo con un arrepentimiento, por no haberlo sabido hacer mejor. El perdón me libero de ese cargo de conciencia que en ocasiones con el buenismo perjudique la idea de la otra parte. Siendo la justicia universal la que nos pone a todos en el caminar de la verdad, tarde o temprano todo llega.

En este libro es lo que quiero transmitir para evitar dolor que llega debido a las circunstancias, y el sufrimiento que originamos en el transcurso del duelo, generado por nosotros mismos. Cambiando nuestra forma de mirar, para que el bien permanezca en todos los sentidos, mirando de una forma creativa y constructiva para el bien de todos.

El contenido del libro consta de tres partes: La primera relata un poco la presentación y narración del desarrollo de los distintos sucesos trascendentales de la vida.

La segunda parte es más técnica, explicativa de distintos conceptos.

La tercera parte del libro es más vivencial de la experiencia recibida, vivida y aprendida donde se pone como ejemplo para el que quiera experimentar desde su situación. Siempre exponiendo el dicho: "si te sirve cógelo, sino con mucho cariño tíralo al cubo de basura" Teniendo la libertad para poder elegir. No cogerlo porque a mí me haya sido beneficioso. Cada cual tiene que elegir con total libertad lo que mejor le va. Y así pido que lo hagas.

Deseo que sea de gran utilidad y ejemplo para el que quiera utilizar y aplicar libremente estas formas de ver la vida, tan bella y hermosa cuando se descubre el bien hacer que nos conduce a la felicidad y el bien estar al sentirnos liberados de todo conflicto. Tan solo consiste en practicar, practicar y practicar. Observando lo que es bueno para ti. Si te viene bien quédatelo y no dejes de aplicarlo. Si no te viene bien, con todo el cariño del mundo tíralo a la papelera. Tu libertad tiene que prevalecer por encima de todo. Tú decides y eliges estar lo mejor posible, lo que te hace bien y lo que te hace menos bien.

Mi nacimiento

Un veintiocho de enero de mil novecientos sesenta y uno llegue a este mundo de manos de una mujer, Manuela, con un gran corazón que, junto a mi padre, Eliseo, quisieron crear un proyecto de vida lleno de amor, en el pueblo de Sueros de Cepeda. Donde fueron creados los cimientos de ese plan de vida, unido a la ilusión y creación, inducido por la unión de un gran amor que daría sus frutos nueve meses después en el pueblo de Viñales en una casa de alquiler, que pertenecía a Manuel y Manuela. Donde debajo de la casa había un lagar y bodega donde se preparaba el proceso de extraer de la uva el mosto para dejarlo fermentar y hacer el vino.

LA CASA DONDE NACÍ

En esta casa llegué acompañado de las parteras y coma-
dronas, Manuela y Carmen, vecinas del pueblo que acompa-
ñaban a mi madre, Manuela, para ayudarla en el nuevo nacimiento que pasaba a ser el tercero de los hijos, después de
Luisa y Begoña.

Después de la llegada a este mundo, trascurrieron cinco meses, donde era un niño que cada día crecía y comía muy bien. La fuente de mamá daba vida con un gran amor.

Mi padre, Eliseo, deseaba la llegada de un niño. En el nacimiento mis tías le gastaron una broma a mi padre, al ponerme unos pendientes para decirle que era una niña.

Llegado los cinco meses mamá empezó a encontrarse mal y tuvo que ser ingresada. Mi abuelo Esteban llamó a su hija Ermerinda que estaba en Barcelona trabajando para contarle la situación y decirle que sería conveniente que viniera para cuidar a los hijos de su hermana Manuela, sus sobrinos.

Cambiaron muchas cosas. Con cinco meses era un niño qué echo en falta ese almacén, fuente de vida de su pecho que abastecía el alimento, lo dejé de recibir cambiando por un pecho sintético (el biberón) perdiendo la ternura, el cariño, el amor y la unión que dejó de trasmitirme como cuando te separan del cordón umbilical. No era tan suave, tierno y lleno de amor como el de mamá. Pasando a extrañarlo y no aceptarlo, hasta que el hambre acuciaba y no quedó más remedio que agarrar el biberón con fuerza. Como dice el refrán: "A falta de pan buenas son tortas"

El 7 de julio de 1961 mamá dejaba esta vida a los 24 años y diez meses. Sin antes dejarle un mensaje a su hermana Erme: "Por favor te pido, cuida de mis hijos" Cinco meses y diez días después de mi nacimiento mamá nos deja, fruto de una enfermedad que hace que nos separe, dejando al cargo una segunda madre que nos da su amor, cariño y cuidado. Llega una segunda madre, Ermerinda, que pasará a formar parte de la unión con mi padre el 27 de diciembre de 1961.

Foto de recuerdo después de perder la fuente de cariño, amor natural y humano de una madre que a pesar suyo tuvo que partir, dejando lo que más quería.

Después de está pérdida, deciden cambiar de casa, a la que hoy es la casa de la familia Fernández. No por mucho tiempo. Habrá otra mudanza a una casa del barrio de abajo que pertenecía a la familia Olano que pasados unos meses debido a un fuego que hubo en el pueblo se quemaron varias casas, al ser los tejados de paja de centeno. Entonces se estaba construyendo en el barrio de Marifollo, carretera Noceda la casa que hoy permanece de la familia.

Al quedarnos sin casa debido al fuego, mientras se terminaba de habilitar la nuestra, una vecina nos deja unas habitaciones hasta la terminación de la casa en construcción. Con el nuevo matrimonio llegaron cuatro hermanos más que pasaron a ir aumentando a la familia.

Comienza la escuela

Con cinco años comienzo a ir a la escuela del pueblo (Viñales) que regentaba la maestra Dª Felisa que vivía en Noceda, acompañado de mis hermanas María Luisa y Begoña. Tengo vagos recuerdos de entonces. Si me llega que nos daban el desayuno en la escuela con leche en polvo.

Por lo que me dicen no me entraban las letras de ninguna manera. La repetición de las vocales era muy entretenida, hasta nos hacían decirlo cantando. Con la (A) árbol, con la (E) elefante, con la (I) iglesia, con la (O) ojo, con la (U) uvas, ni por esas me entraban. Reconozco que no fui un gran estudiante. Aunque si era buen chico.

En la escuela de Viñales, donde estuve hasta séptimo de Básica, compartiendo con los demás cursos de primaria. En segundo de primaria se jubila Dª Felisa y llega una nueva maestra, Dª Soledad.

Mis padres estaban con las labores, en la tierra que estaba en la vera este de la escuela y desde el pupitre me levantaba para mirar si estaban mis padres para irme a la tierra. Porque al salir de la escuela, en vez de hacer los deberes, había que arrimar el hombro.

Después de las clases había que colaborar en casa con las labores en el campo, en la siembra, riego y recogida de los frutos de la tierra, así como del cuidado de las ovejas, vacas y cerdos que se criaban en casa. Había algo que me gustaba. Cuando el trigo estaba granando había una gran afluencia de gorriones y para espantarlos hacíamos guardia con una escopeta de aire comprimido de plomos con la que los ahuyentábamos para que no se comieran el grano. Hoy día les pongo agua y comida para verlos desde el portal como se bañan en el cuenco de barro, aparte de beber. Algo que me causa alegría y satisfacción como se zambullen en el agua.

Después me mandaron a un colegio de Bembibre donde tuve que repetir séptimo. Los fines de semana iba a trabajar en el bar "El estudiante" de un primo, fregando la vajilla, con lo que ganaba 200 pesetas y de las cuales me pagaba clases particulares de francés que no entendía nada y me lo exigían. Al final del curso me concedieron una beca junto con mi hermano Nicanor y me fui a un colegio regentado por los PP. Paules en Murguía, (Álava) al lado de Vitoria. Donde estuve haciendo 8º de E.G.B. En ese año aprendí valores importantes para mi vida. Cambié totalmente en el ámbito del estudio, hasta me nombraron encargado del salón de estudios. Jugaba en un equipo de futbol, otro de balónmano y competía en carreras de campo a través. Salíamos a correr a Vitoria en carreras de competición. Fue un año que quedaron grabados grandes recuerdos. Al finalizar el curso nos preguntaron qué queríamos estudiar. Continuando los estudios de BUP en Teruel con los PP. Paúles, donde decidí ir al seminario a Teruel, e íbamos a las clases al colegio de la Salle. Fueron unos años gratificantes, enriquecedores, de estudio y disfrute. Competía en carreras de salto de vallas. Recuerdo los juegos de frontón con algún compañero navarro y pamplonica que eran jugadores expertos en pelota mano y raqueta de madera. También recuerdo los partidos con el padre Felipe.

Ayuda y compartir

En Viñales, en la salida de la escuela a casa, cuando veía a señoras mayores como Dolores la mujer de Gerardo cortando leña, le pedía el hacha y le cortaba la leña, siempre me lo agradecía y me lo gratificaba, o a María apodada "La farta", que no encuentro explicación por el apodo. Era una gran mujer. Cuando la veía venir con el remolque cargado de remolacha para los cerdos le ayudaba a subir la cuesta del puente, se lo llevaba hasta casa, ayudándole a descargar el remolque, metiendo las remolachas a una cocina baja donde las picaba y cocía para dar de comer a los cerdos. Luego me llevaba a otra habitación donde había muchas manzanas sobre paja de centeno, en el suelo y siempre me daba manzanas, había un olor especial que hoy día recuerdo y me viene la imagen y dicho olor que desprendían las manzanas en esa habitación.

A mi abuelo Feliciano cuando necesitaba ayuda para cortar leña, enseguida me apuntaba a ayudarle. Recuerdo cuando en una viña abandonada que decía que era de Zaramallas, íbamos por las cepas o vides para echarlas al fuego bajo, donde también se curaba la matanza. Siempre tenía atenciones económicas para comprar mis chuches.

En casa compartía mi esfuerzo en todas las labores. Recuerdo en toda la ladera las viñas que había, digo que había porque no queda ningún vestigio de lo que había. Cuando la poda de las viñas iba con mi padre y me enseñaba a podar, explicando los sarmientos que había que dejar y los que tenía que cortar. Cuando se cavaban o se araban las viñas acudía con él, tanto con la azada, como con el caballo. Al principio le pedía a mi padre coger el arado, que pesaba más que yo y así nos turnábamos de puesto. Uno llevaba el caballo y otro el arado, conocido como vertedera. Pues hay varios tipos de arados. Luego en la vendimia acarreaba las cestas de uva al carro del caballo para llevarlo al lagar, para pisar la uva y hacer el vino. De las primeras veces cuando era un niño me caí al pilón lleno de mosto y me tuvieron que sacar, porque casi me ahogo. Todos esos recuerdos donde había gran afluencia de cuadrillas en la zona en cada época. Gente que venía desde Noceda con la pareja de vacas para arar las viñas y a la vendimia. Todo esto se ha perdido y hoy en esa ladera solo se ven pinares llenos de zarzas, que germinan en silencio, habitadas por las alimañas y la caza mayor que lo utiliza como refugio y un abandono que da pena. Por otro lado, es una fábrica de oxígeno que nos proporciona esa naturaleza. Quién lo ha visto y quién lo ve.

Las vacaciones

En las vacaciones de verano con nueve, diez años me iba a casa de los abuelos Esteban y Juliana, en Sueros de Cepeda, a unos 12 Km, de Astorga. De mi abuelo Esteban de profesión pastor de ovejas. Recuerdo cuando recogía las ovejas del pueblo como avisaba con una caracola que hacía un sonido sorprendente para avisar a los vecinos que sacaran las ovejas del corral y como las ovejas le seguían al sonido tan peculiar. Al lado de la casa había una carpintería, de Manolo. Al principio iba a mirar como hacia los muebles, puertas, etc. Mientras su hijo Alberto cortaba en la sierra los troncos de los árboles para sacar la tabla, vigas y perfiles. Un día me preguntó Manolo: ¿Te gusta la carpintería? ¡Sí! Te voy a enseñar a hacer cajas de madera para envasar las mantecadas. Las mantecadas son unos dulces similares a las madalenas, típicas de Astorga (León). Ahí estuve dos veranos haciendo cajas de mantecadas. Mi primer sueldo fue en la carpintería de Manolo. Recuerdo el primer verano que me pagó 500 pesetas en un billete azul que desconocía y nunca lo había visto. Cuando se lo enseñe a mis abuelos y a mis padres, me decían: Hijo esto no lo gano yo al mes.

Copia de billete similar al pago de mi primer sueldo.

El cambio de destino

El 19 de marzo del año 1979 se casa mi hermana Begoña, donde conozco a una chica, la vuelta al seminario empecé a cambiar y los estudios no me atraían, proponiendo dejar los estudios. Ahí comienza un enfado con mi padre que no quería que dejara los estudios. Al director, el P. Induráin le dije que me aburrían los estudios y que no me concentraba, no desvelando el motivo por el que no me concentraba. Algo que no hice bien al no comunicar el por qué la falta de concentración. Algo que me hubiera ayudado a continuar los estudios. En momentos me pesa, aunque como se dice: "no quise una taza y después tuve que tomar dos" si quería tener un crecimiento personal y desarrollo para el trabajo. En ratos libres había un salón donde había periódicos, en los que les ojeaba en el apartado de venta de pisos. Haciéndome la idea de ir formando una familia. En diciembre dejo los estudios y me vengo a Madrid a trabajar en un restaurante "Los cinco hermanos" en la calle Albarracín, al lado de la fábrica de Fensa, fregando platos, hasta que fui conociendo algo más e iba sirviendo en la barra.

Crecimiento económico

Seis meses después me ofrece un familiar ir con ellos donde la remuneración era mayor y decido cambiarme a la calle Barquillo, "Bar Manin". Estando aquí trabajando. Un día me llama mi padre que ha recibido una carta de los PP. Paules por si quería volver a seguir los estudios, ellos tenían las puertas abiertas para continuar estudiando con ellos. En ese momento tenía mi dinerito, aunque todos los meses mandaba dinero a casa para ayudar, las necesidades eran grandes y no llegaba para todo. También tenía mi cuenta de ahorro y no dependía de nadie para salir y divertirme. Con lo cual renuncié a otra oportunidad para seguir estudiando y adquiriendo conocimiento. Con mis tíos estuve hasta unos meses después de la mili o servicio militar.

El servicio militar

Hice el campamento en Colmenar Viejo, juré bandera el 20 de febrero de 1981, donde viene mi padre a verme y pasar unos días en Madrid, y el 23 de febrero ocurre el levantamiento del coronel Tejero en el Congreso de los Diputados. Estaba con mi padre por el centro, concretamente en Sol. De repente empezaron a sonar sirenas y todo era algo anormal. En esto que entramos en un bar y preguntamos y nos informan que hay un levantamiento en las Cortes. Y mi padre me dice vámonos de aquí. Y al día siguiente nos volvimos al pueblo a disfrutar el permiso que tenía después de la jura de bandera. A la semana me tuve que reincorporar en el destino. Me destinan a la 6ª compañía del Cuartel General de Madrid, ubicado entre las calles Almirante, Barquillo y la plaza de Cibeles y desde esa compañía me llevan al Museo del Ejército, situado en la calle Méndez Núñez, 1. Fue una experiencia bonita donde conocí historia, colaboré dentro del museo con las habilidades de mañoso que poseía. Me ofrecieron quedarme en el ejército, era algo que no me atraía. Aun así, me hicieron hacer el curso de cabo. Y no me llamaba mucho, dejando ese camino. Donde cumplo el ser-

vicio militar y lo comparto trabajando con mis tíos en el bar
Manin. En ese tiempo gano para comprar mi primer coche,
un 850 especial cuatro puertas.

Nuevas amistades

Pasado unos meses conocí un grupo de gente con el que hice amistad, amistades que mantuve cierto tiempo, mientras estuve haciendo la mili. Cuando me quedaban tres meses para licenciarme, aparecen unos síntomas de constipado que no se van, acabando ingresado en el hospital de Gómez Ulla, según diagnóstico por una bronquitis aguda. Gracias a una amiga, (Isabel) que se toma interés me miran y me dicen que no tengo bronquitis, sino, una alergia al polvo y ácaros.

Unos meses después me licencio del servicio militar y sigo trabajando en el bar de mis tíos. Hasta que a mi hermano Nicanor, le llaman a filas para cumplir el servicio militar y decido ir a Viñales hacerme cargo de la ganadería de vacas.

Vuelta a Madrid

Después de dos años de mucho trabajo observo que no hay futuro y me vuelvo a Madrid a trabajar de camarero en el bingo Casa de León en la calle Embajadores 150, lo que era el antiguo cine de Carlos III. Antes de un año una persona que busca y selecciona personal me ofrece trabajo en un bingo que se va a inaugurar. El Casino de Madrid, en la calle Rosario Pino, 14, después de pasar la selección entro a formar parte de la plantilla. Este año conozco a Pilar, con quien empiezo a compartir y vivir en pareja. A los dos años de estar en el Casino me ofrecen en un restaurante, "El afilador" donde alterno el restaurante a medio día hasta las cuatro de la tarde y el bingo de cuatro de la tarde a tres de la madrugada y así paso ocho años. Un día la dirección me llama a la oficina y me comunica que van abrir otro bingo en el campo del atlético de Madrid y quieren contar conmigo como persona de confianza de la empresa y me llevaran de maître. A lo cual acepto.

Comienzan las obras y junto con otra persona de fuera de la empresa comenzamos a seleccionar el personal hasta que se inaugura el bingo.

A los dos años se cierra el bingo, despidiendo a todo el personal.

Los altos y bajos que la vida da

Decido coger un año sabático que dediqué para hacer mi propia casa en el pueblo. Eso fue el cambio y escape que me devolvió la paz.

Cuando termino la casa me vuelvo a Madrid a trabajar. No había pasado quince días, cuando me llamaron de un restaurante "Portomiño" donde estoy durante cuatro años.

Después de cuatro años tomo otras decisiones y me vuelvo al pueblo a comenzar otra aventura. Montar mi propio restaurante.

Apertura del restaurante

La decisión de abrir mi propio restaurante en El Bierzo, "Los Manolos" Comienzo la inauguración, la afluencia de clientela es buena. Transcurren unos meses cuando empiezan las huelgas de la minería, algo brutal e inesperado, los ingresos empiezan a bajar. Nos roban por dos veces. Y se presenta en la minería la reconversión de la misma, donde las empresas mineras empiezan a cerrar y el movimiento económico baja en la zona y nos obliga a cerrar por no soportar los gastos de personal y del local. Mi pensamiento está en coger un local más pequeño para llevarlo en familia y Pilar dice que no quiere más negocios y se vuelve a trabajar a Madrid. Vendo la maquinaria, mantelería, vajilla para un restaurante de Madrid y me pide que me venga a trabajar con ellos.

LLAMADA DE PILAR

A los dos meses me llama Pilar que le han ofrecido un trabajo en una Comunidad, desconozco lo que es y no tengo mucho interés. Aun así, me pide que presente un currículo. Lo cual hago. Me llaman en una primera entrevista. Me presento con Pilar a la entrevista, donde me encuentro con las mujeres representantes de la Comunidad preguntando, a lo cual iba contestando. No me concretan nada. Esa tarde nos fuimos a ver amistades y cuando volvimos a casa, teníamos un mensaje en el contestador diciendo: ¿Cuándo podía empezar? En ese momento no sabía qué hacer. Tenía tres opciones abiertas y no sabía cuál elegir. Durante la noche por más que pensaba por dónde empezar no veía la solución. A la mañana siguiente me volvió a llamar la Comunidad y quedé en acudir a hacer una prueba durante un mes. Era el mes de marzo de 1995. Quedando en comenzar el lunes de la semana siguiente.

El primer año fue duro, era aburrido y me costó hacerme a la tranquilidad que había. Siendo una persona activa que me supuso adaptarme.

Segunda parte

DESARROLLO DE TÉRMINOS

Todo tiene su principio

En la vida todo tiene un principio, un proyecto, un nacimiento, fruto del amor y el querer. Buscamos fuera lo que está dentro de nuestro ser.

Un día me desperté con un pensamiento en el que me decía. ¡José tienes que decidirte y publicar el libro! No consiste en tener acción de escribir y dejarlo en las carpetas sin darlo a conocer. – "La semilla que no se siembra no nace". Pasa a la acción de compartir, de dar, de enseñar tus ideas, tus proyectos. En un momento con tantos pensamientos que me venían. Aunque el título es lo menos importante, cuando hay un buen desarrollo. El escaparate puede ser muy bonito. Si el interior está vacío, no dice nada la belleza de atracción. Todo está en la actitud y acción del pensamiento. De nada sirve tener los mejores pensamiento e ideas del mundo, si no se ejecutan, si no se llevan a la acción de quererlas compartir.

Es el primer paso, el giro decisivo para salir de la zona de confort y agarrar el toro por los cuernos. Tener una actitud positiva y emprendedora. Un buen día, el ser humano se da cuenta que él está aquí y ha venido para algo. Sin pensar en la complejidad de las circunstancias, de fenómenos y cosas que uno piensa, siente y hace. Sin darnos cuenta de que ignoramos, presentimos algo que está a nuestro alcance y que no realizamos por falta de decisión y una buena actitud.

Me viene a la mente el verso de Antonio Machado.

"Caminante no hay camino se hace camino al andar" La vida se va descubriendo cuando el yo quiere crecer, progresar, evolucionar para adquirir ese potencial oculto en el ser del yo. Un constante actualizar para desarrollar la capacidad e inteligencia de despegar de una manera enérgica con un sentimiento lleno de amor para alcanzar el proyecto de nuestro mundo interior, con el propósito e intención que viaje al mundo exterior.

En este caminar voy comprendiendo que las experiencias son la consecuencia que genera y descubre un ambiente lleno de satisfacción y buen hacer para ampliar el conocimiento en nuestros iguales. Comenzando por la motivación que nos induce a ser creativos y constructivos desde una buena actitud, optimista y positiva para el bien nuestro, pudiéndolo compartir con los demás.

La aspiración del ser humano es de notable constancia reconocida en todas las épocas de ir en dirección a un crecimiento con un abundante fruto, demostrando que es posible alcanzar una plenitud, con un estado de felicidad en la madre tierra.

La actitud

Tenemos la capacidad, libertad de poder elegir. La actitud ideal, es la cualidad positiva, determinada por una postura interior de hacer las cosas de un modo gratificante, sintién-donos cómodos, disfrutando del desarrollo de hacer lo que tenemos determinado. Esa voz interior controlada y dirigida será nuestro mayor maestro de la vida. Aunque hay actitudes muy diversas, vamos a centrarnos en la actitud positiva y ne-gativa. Dicho de otra manera, actitud buena y menos buena. De sobra sabemos que cuando actuamos con una actitud positiva lo disfrutamos agradablemente para nuestro bien y el de nuestro entorno. Teniendo grandes beneficios para nuestro propio yo, nuestro propio sistema inmunológico, que tanto castigamos de una manera inconsciente. Cuan-do nuestra actitud es negativa es sentirnos desagradable con todo, en el trabajo, pareja, compañías. Todo nos molesta, no valoramos lo que somos, lo que tenemos, viendo sombras donde hay una gran luz.

El comportamiento que sale de cada uno frente a la vida es el sentido que forma la manera de actuar de cada persona en cada situación que impulsa y orienta la acción a conseguir las metas y objetivos que cada ser proyecta en el yo. Esa predisposición aprendida de las enseñanzas, creencias y disposiciones guiadas por el maestro, padres y ancestros que nos guían desde la llegada al mundo.

La actitud es la disposición mental y neurológica llevada a cabo desde el conocimiento y experiencia por el individuo en cada situación de la vida, respondiendo de un modo persistente de un modo positivo o negativo con la situación, materia, idea de la persona o grupo. Cada entendido tiene una interpretación de la actitud. Lo que sí está claro que esa disposición psíquica, para algo o hacia algo, representa la acción para organizar, adquirir e integrar los distintos elementos biológicos y socioculturales que determinan el caminar del comportamiento para llegar a conseguir el éxito y objetivos. Dependiendo todo de la actitud tomada.

Carl g. Jung decía: "Tener una actitud es estar dispuesto a una cosa determinada, aunque sea inconsciente, lo que significa" tener a priori una dirección hacia un fin determinado, representado o no. La disposición que es para mí la actitud consiste siempre en la presencia de una cierta constelación subjetiva, combinación determinada de factores o contenidos psíquicos que determinan esta o aquella dirección de la actividad o esta o aquella interpretación del estímulo externo.

Hay distintos tipos de actitudes:

Actitud positiva, actitud negativa, actitud neutra, actitud proactiva, actitud reactiva, actitud interesada, actitud desinteresada, altruista, actitud colaboradora, integradora.

La expresión verbal de una actitud es la que conocemos como opinión, la cual sirve de indicador o medida de la actitud. De este modo, para medir una actitud se utiliza una escala compuesta por distintas afirmaciones que permiten obtener la opinión por parte del sujeto.

La actitud positiva es aquello que marca la diferencia a la hora de disfrutar de las oportunidades que nos da la vida.

Actitudes positivas que puedes aplicar en tu vida, en el día a día.

- **Sé agradecido con la vida**, no cuesta nada y es beneficioso para ti y, a quien lo recibe. Tómate un momento para reflexionar sobre todas las cosas buenas que tienes en tu vida y valóralas.
- **Deja atrás el pasado.** "Agua pasada no mueve molinos". Si te quedas atrapado en el pasado, no evolucionas, no podrás generar crecimiento. La vida sigue, mientras quedas estancado, generando un estado de depresión originado por ti mismo. Puede que hayas pasado por malas experiencias o no estés orgulloso de algún comportamiento que tuviste en el pasado. Eso es lo mejor que sabias hacerlo. Debes reconciliarte, pedir perdón por el daño que pudiste hacer, por no saberlo hacer mejor. Lo que haya sido, está hecho.
- **Ten valor para apartar de ti lo que te perjudica.** Cuanta más vida le des, más crecerá a algo que te perjudica y no quieres, si lo focalizas dándole vida. Focaliza lo que quieres, dejando de pensar en lo que te

hace daño y no lo quieres. Aléjate de los focos de la negatividad poniendo los pasos del bienestar.

- **Convierte tus defectos o limitaciones en objeto de motivación**. Proponte una meta realista sobre cómo te gustaría mejorar en ello y actúa.

- **Asume un papel activo y protagonista en tu vida**. Haz algo por ti mismo por mejorarlo, en vez de quejarte una y otra vez de la mala suerte. Da un giro en tu vida. Dale vuelta a la tortilla para que no se queme, tú y solo tú, tienes la sarten por el mango.

- **Afronta aquello que te da miedo**. Los miedos son autosugestionados y autoalimentados, esto es el freno a tu positividad. Planta cara a esos pensamientos limitantes que no te dejan crecer.

- **Comunícate con asertividad y respeto**. Convéncete que la gran mayoría de los problemas se resuelven hablando, siendo franco, sincero y honesto contigo mismo. "La verdad te hará libre"

- **Deja de buscar culpables y víctimas**. Céntrate en buscar soluciones y en apoyar a quienes lo hacen. Dirige tu mirada hacia delante de una forma constructiva y creativa. Cuando vas en el coche tienes una gran luna delante para tener un buen campo de visión. Sin embargo, los espejos retrovisores son muy reducidos. No te quedes con lo que pudo haber sido y no fue.

- **Libérate de los prejuicios**. Empatiza con los demás y ten fe en ti mismo. Si piensas que no eres capaz de algo, ya has perdido y no lo conseguirás. Piensa que tú puedes y lo vas a conseguir y la ley de atracción entrara en acción dando ideas para conseguirlo.

- **Cuida tu entorno.** Las personas somos seres sociales, estamos preparados para conectar con otros y compartir socialmente nuestra vida. El círculo social que te rodea nota tu energía y tu actitud, igual que tu notas y puedes contagiarte de las actitudes de otras personas.

Actitud negativa es cuando hace algún daño o perjudica el curso de las relaciones.

Sus características son:

- Causa un daño emocional, tanto al individuo como a las demás personas.
- Dificulta a las personas el desarrollo de las actividades.
- Hace más probable que el individuo ofenda a alguien.
- Altera la cohesión de un grupo.

Las actitudes negativas pueden ser:

- **Lamentarse o quejarse.** Consiste en reiterarse a uno mismo la desgracia en la que se vive. Entorpece la concentración y retrasa el desarrollo, manteniéndose en un círculo vicioso.
- **La insolencia.** El individuo habla o actúa sin respetar la autoridad de su interlocutor o subestimándola.
- **La culpa.** La persona se responsabiliza constantemente, con dolor emocional, por una acción, ya sea suya o de alguien más, que ha causado daño.
- **Los celos.** Son muy poderosos y horribles y se presentan varios casos diferentes. La persona siente enojo cuando alguien es beneficiado con algo deseado por

ella. En otro, la persona entra en cólera cuando su pareja está en contacto con una persona, o una amistad. Le acompañan pensamientos de infidelidad y competencia. Destaca inseguridad y falta de confianza.

- **La discriminación.** Es muy perjudicial. La persona siente recelo y desprecio por otras personas. Los motivos pueden ser la preferencia sexual, el status socioeconómico, la nacionalidad, la religión, etc.
- **La soberbia.** Pretender dar evidencias de ser superior a las demás personas. Con mucha insistencia y gestos desagradables.
- **El pesimismo.** Asume derrota antes de proponerse algún objetivo. Pone gran impedimento para realizar sus actividades, sentir disminuida su capacidad para enfrentarse a su propósito.
- **El prejuicio.** Formar ideas preconcebidas antes de ver la realidad. Lo destructivo es que la idea preconcebida puede ser errónea y en ocasiones llega a regir las relaciones interpersonales, que ya no serán auténticas.
- **La apatía.** Tratar de evitar cualquier actividad o convivencia, por falta de ganas y de iniciativa, ocurriendo en diferentes grados.
- **La comparación.** Mostrar ciertas cualidades, poniendo como modelo a otra persona. Mermando la autoestima al sentirse disminuido de las cualidades del otro.
- **La predisposición.** Anticiparse a los acontecimientos. La persona no quiere salir de casa, ni conocer gente nueva. Por temor a quedar en ridículo o a no mostrar lo mejor de sí.

- **El desprecio**. Pretender minimizar a otra persona, bien con comentarios o acciones.
- **La Hipocresía**. Hablar mal de otras personas, presentando una interacción falsa, para enmascarar que no se congenia con la persona.

Otros tipos de actitudes que podemos adoptar en la vida.
- **Actitud derrotista**. Presagiar la derrota, directa o indirectamente, bien por pesimismo, bien con intención maliciosa. Frente al derrotismo, pon siempre mucha ilusión. Deja de pensar en los problemas. Acepta las circunstancias y adversidades. No te abrumes por algo que no es la realidad. Y si surge un inconveniente. Piensa que después de la tempestad, llega la calma.
- **Actitud pasiva**. Incapacidad para expresar con libertad lo que se siente, no saber expresar su propia opinión. Trata de evitar conflictos. Deja obrar a los demás. La pasividad es la actitud opuesta al compromiso, a la acción y a la voluntad.
- **Actitud altruista**. Atención desinteresada por el otro, solidaria. Contraria al egoísmo.
- **Actitud neutra**. No involucrarse en problemas, conciliador.
- **Actitud agresiva**. Comportamiento que despliega alguien de forma en el que destaca la violencia física o verbal.
- **Actitud empática**. Capacidad, habilidad, sensibilidad para sentir lo que otros sienten. Saber escuchar, ser respetuosos, tolerantes. Entender la comunicación no verbal.

- **Actitud Flexible**. Capacidad de adaptación a las circunstancias.

Cuando la mente-cuerpo
pierde el control

El pasar del tiempo va dejando huella en todo. El cuerpo va perdiendo flexibilidad, energía, ánimo, ilusión y en ocasiones el abandono se apodera de la falta de querer vivir. Algo contraproducente para continuar en el caminar.

Cuando se entra en ese bucle, la falta de ilusión hace perder energías y la batería se va quedando sin fuerza. No se percibe que la batería es recargable, pero el abandono no deja entrar la energía a esa mente que se rinde, a el cuerpo que deja el barco al libre albedrio, siendo una bámbola que va para donde el aire le lleva.

La vida es una cuerda que con el paso del tiempo y el uso se va gastando, aunque antes de romperse del todo, van quedando hilos. No debemos soltarnos mientras el hilo aguante. Con amor e ilusión si nos agarramos al hilo nos sustentara disfrutando del proyecto de vida, objetivos y metas que quedan por cumplir, haciendo compañía a los hijos, nietos y seres queridos que los acompañan en el barco, que mientras no soltemos el timón, seguiremos siendo el capitán del barco. Y cuando se rompa el hilo. Dejaremos grandes capitanes enseñados, llenos de teoría y experiencia para pilotar el barco hasta el siguiente destino. No hay que abandonar, ni te debes soltar de la cuerda mientras aguante.

Este ejemplo se lo ponía a mi madre. Una mujer con 88 años que paso por una enfermedad de un carcinoma, al lado de la columna. El cual le empezó a crecer a la altura de la D2 y D3, entrando entre ellas por la parte de la almohadilla y creciendo en la parte interna, llegando a presionar la medula, de tal manera que le corto la información de la medula. Dejándole en silla de ruedas y sin sensibilidad desde la altura del pecho a los pies. Solo sabía decir que, para estar así, era mejor no vivir. Después de muchas pruebas y detectar el problema. Se decidió operar.

El miedo y falta de confianza presagiaba lo peor. En varias ocasiones y por teléfono por no poder verla al estar pasando la pandemia del covi. Le decía: "Mamá visualiza que todo va a salir bien, que los doctores van a estar acertados". La tranquilidad de ella, el deseo, creencia y expectativa, hizo llevar al entorno, a los doctores una tranquilidad que estuvieran acertados para conseguir una operación con mucho éxito. Después de siete horas en quirófano la sacaron a la UCI. Cuando entré en la UCI y vi su cara, observé y algo me decía que todo había salido muy bien. El tiempo nos fue dando información que cuando uno quiere, se puede. Pasado unos diez días, nos decía estoy recobrando la sensibilidad. Cuando me cogéis por los pies para acostarme lo siento. Algo que antes no sentía. Eso nos halagaba y nos llenaba de satisfacción. Ahora faltaba el poder andar. Después de un año y medio en silla de ruedas, con grúa para poder levantarla y acostarla o sentarla en la silla. Quedaba un trabajo para aprender a andar, la falta de ejercicio y movilidad se había olvidado el andar. El trabajo con un fisioterapeuta, la dedicación de mi hermana y mi cuñado hacían que todo ayudara a mejorar la movilidad. También las veces que podía ir a verla, debido a las circunstancias que se estaban pasando por la limitación de la pandemia. Aunque una visita de unas horas no es lo mismo que estar las veinticuatro horas con un enfermo, también algo ayuda, las llamadas de teléfono, de igual forma ayudaron a explicarle con ejemplos sencillos, comprensibles y poniendo la naturaleza y las labores de casa, como por ejemplo, para que comprendiera como actúa nuestro cuerpo y nuestra mente.

Uno de los ejemplos que le puse fue el de la tortilla, con él comprendió la técnica, la forma y medio para calmar el dolor, para abandonar los pensamientos negativos y generar buenas sensaciones en la mente y poder trasmitirlas al cuerpo.

Le decía así: Mamá cuando tú haces las tortillas, que además te salen muy ricas. ¿Quién tiene la sartén por el mango?

Tú única y exclusivamente.

Y ¿Cuándo ves que se empieza a dorar, qué haces?

Darle la vuelta.

Para que no se queme, ¿no?, Sí.

Pues eso es lo que hay que hacer con la mente.

Cuando hay un dolor si seguimos focalizando en el dolor. Lo que estamos haciendo a través del ego, es darle vida, cultivar, abonar para que el dolor siga creciendo de una manera psicosomática. Cuanta más vida le damos focalizando más crece el dolor. Por lo que hay que llevar el foco a lo que queremos, no, a lo que no queremos. Es lo que correspondía y quería explicarle con darle vuelta a la tortilla.

Otro ejemplo que le ponía con los pensamientos menos buenos, o pensamientos negativos. Donde el ego es el influyente tentando para que entremos en el rol y su juego. Cuando le seguimos, cada vez le damos más vida a las cosas que son contraproducentes para nuestro propio ser. Generando de algo insignificante una gran pelota de humo y un gran ovillo que cuanto más grande es, más difícil es de desenredar.

¡Mamá! ¿Cuándo te llega un pensamiento negativo, menos bueno, que debes hacer?

No lo sé. Lo que sí sé, es que muchas veces en la noche me llegan pensamientos y empiezo a darle vueltas y vueltas y al final me ha quitado el sueño, no he descansado bien, no he arreglado nada y me levanto fatal.

¿Qué haces con la tortilla cuando ves que se está quemando?

-Darle la vuelta.

Pues es lo que debes hacer con los pensamientos menos buenos. Desde tu mente darle la vuelta para que no se queme.

-¿Cómo?

Llevar a tu mente a un pensamiento que te haga sentirte bien. A algo creativo, constructivo y reconfortante para tu bien y el bien de los demás, generando buenas sensaciones y focalizando lo que tú deseas aquí y ahora. Viviendo el momento presente, que es tan volátil que sin darte cuenta se ha ido. Hay que dejar el pasado, porque el pasado, pasado es. Y el futuro es algo incierto. Nadie sabemos lo que va a suceder. No podemos instalarnos en el futuro. Si lo hacemos no estamos ni en el futuro, ni el presente. Pasan los momentos y no nos enteramos de nada. Albert Einstein decía: "cuando diversificamos nuestro consciente, que ya de por sí, es bastante reducido, perdemos el poder de concentración". Que es lo más importante para nuestro potencial, cuando focalizamos con nuestro consciente en un mismo objetivo.

La vida que es tan sencilla, donde apenas necesitamos tan poco para encontrar la felicidad, la hacemos complicada, desviándonos en ramas que no dan fruto y nos llevan a malgastar energías que son tan necesarias en el caminar de la vida. Sin darnos cuenta, inconscientemente, rumiamos y rumiamos en algo que no genera nada y nos consume, por no tener el debido conocimiento para poder manejar nuestro propio barco, queriendo manejar el barco del vecino que bien está atracado en el puerto, o nos lo hemos creado nosotros a nuestro gusto. Cuando nos damos cuenta y despertamos, percibimos que estamos fabricando la torre de Babel sobre una arena movediza que cuando volvemos al aquí y ahora, desaparece ese castillo que consumió y, agotó nuestras energías sin sacar ningún beneficio.

¿Por qué llega el sufrimiento, la enfermedad, el dolor?

¡Puede ser lo que en la vida hemos sembrado, y es lo que recogemos!

En la vida de la naturaleza se refleja en esa línea. Cuando uno siembra patatas, patatas recogemos. Si uno deja la tierra al libre albedrío, solo salen hierbajos, que con esto no quiero ser despreciable, sino que es lo que la tierra da, bien por la polinización, por el aire, pájaros, insectos, etc. Algo fue lo que hizo que llegara a la tierra esa semilla para que saliera. Lo que nunca van a salir las patatas y otras hortalizas o frutos sin haberlo sembrado.

El dolor llega por algo que se sembró mal, consciente o inconscientemente. Puede ser fruto de nuestros antepasados, bien nuestro, por los hábitos menos buenos, una mala alimentación, una vida llena de sedentarismo, la falta de ejercicio, el egoísmo, egocentrismo, la ansiedad de acaparar sin sentido. Son enigmas que cuando llega el momento todos empezamos a buscar, bucear en los lugares más recónditos buscando, "el por qué", del sufrimiento y del dolor. Voy a poner un ejemplo que convence y tiene su explicación. Aunque filosóficamente también es entendible.

Uno no puede dar si no tiene. Esto es comprensible. Aunque el egoísmo, egocentrismo, la avaricia, como dice el refrán: **La avaricia rompe el saco.**

Cuando uno tiene, cuando uno sabe, hay que compartir. Para ello pongo el ejemplo de la botella vacía. Si no tiene no se puede dar. Para dar hay que llenarse, y esto no es ser egoísta, para compartir de la botella hay que llenarla. Si una botella la ponemos sobre una mesa y la vamos llenando. La botella tiene su capacidad. En ocasiones lo que ocurre que el egoísmo, que empieza cuando la botella está llena, por querer más, acaparar por acaparar. Sin darnos cuenta que la botella tiene su capacidad, igual que nosotros, o el depósito de un coche. Al seguir llenando la botella, sin percibirlo ocurre que se derrama, originando un daño en la mesa. Eso es lo que ocurre en nuestro cuerpo al intentar meter más que lo que nuestro cuerpo necesita o no soltar para servir al entorno. Pensando, "como yo estoy servido, el que no sepa que se busque la vida". Originando daños en algún órgano de nuestro cuerpo. De sobra es reconocible que puede ser por infinidad de actos que nos llevan a una siembra mal realizada, por un motivo u otro. Pueden influir infinidad de circunstancias, el mal obrar, emociones, barreras e impedimentos, rabia, resignación, enojos, odio, tentaciones del ego, egoísmos, celos, envidias. Con la mayor parte de todos estos signos, no nos damos cuenta que nuestro sistema inmunológico actúa generando hormonas y células contraproducentes que atacan nuestro propio sistema inmunológico, originando daño y por consiguiente sufrimiento. Confluyendo todo en una mala siembra.

En el *best seller* más vendido del mundo "La Biblia" en el libro de Job 4,8 dice: **"Por lo que siempre ví, los que obran la iniquidad y siembran la desventura, la cosechan".**

No se adelanta nada con toda esta iniquidad. Por supuesto hay que defender la libertad y justicia de cada uno, sin dañar la legalidad de los demás.

La atención

El focalizar en el objetivo es poner toda nuestra concentración en lo que queremos. Es, "haz lo que debes y estar en lo que haces". Nuestra concentración ayuda a generar un poder mental para no perder hilo. Nuestra atención no puede estar en dos cosas a la vez. De crió escuché varias veces el dicho: "No se puede estar en misa y tocar las campanas a la vez".

La atención es una capacidad de seleccionar y concentrarse en los estímulos relevantes, proceso cognitivo, y para ello hay que practicar, practicar y practicar, con lo que nos lleva a un ejercicio que se va traduciendo en una constancia y, generando un hábito. Ese hábito genera un patrón que una vez formado funciona en automático. Dice un dicho: "Una vez creado el patrón, todo es coser y cantar"

Esa capacidad de generar y dirigir un estado de activación para el procesamiento correcto de la información, teniendo un control de una función cognitiva para enfocar el interés y la consciencia hacia el estímulo o acontecimiento.

Si quieres tener paz, enseña armonía

Enseñando aprenderás a ejecutar la acción.

Por norma general somos lo que enseñamos. Aunque en toda regla hay excepciones, no cabe la menor duda. Podemos enseñar incorrectamente, y a la par estar enseñándonos mal a nosotros mismos.

Cada persona es un mundo. Cada individuo tiene su pensamiento y su creencia que genera una fuente, basado en su reflexión que puede ser correcto o incorrecto. Si el núcleo de pensamiento es el correcto, lo único que puede deducirse de él, es la verdad. Pero si lo que se desprende es una mentira, solo nos puede inducir a engaños. Cambiar la motivación es cambiar de escuela, generando un cambio de personalidad. "Para poder tener, hay que dar, hay que sembrar" No hay árbol sin sembrar la semilla. Algunas personas les parece chocante, confundiendo el tener con el ser. Igualmente, para poder tener, hay que dar. Es donde está el fruto que recibimos. Quien no arriesga no recoge. Es muy común entrar en un conflicto al querer coger las dos opciones, sin darnos cuenta que, para dar dos pasos, primero hay que dar uno. Este tipo de conflictos viene originado por el ego, algo que nos domina, nos estimula y provoca para que entremos en el rol de la perdición, de la avaricia. Sin percibir que lo primero es lo primero. Hay que soltar una parte para crecer y recoger el fruto preciado.

Observando la naturaleza en la estación del otoño, compruebo los colores tan preciosos que nos dejan los árboles cuando ponemos la atención en ellos. Con que alegría sueltan las hojas. Lo que los humanos vemos con tristeza, la naturaleza lo suelta con un amor exuberante, descargando toda esa mochila que dio su fruto y ahora llegó el momento de soltar para descansar y volver a crecer con más fuerza, dejando otra estación del año llena de vida y vitalidad, apareciendo una primavera lustrosa, llena de savia, color, armonía, demostrando que el árbol de hoja caduca no estaba muerto, sino dormitando para volver a resucitar, crecer y dar subsistencia donde todo parecía estar marchito.

El ego constantemente nos proporcionará esos mensajes conflictivos. La mejor manera de escapar de ese conflicto que surge de los dos sistemas de pensamiento que se oponen entre sí, consiste claramente en escoger uno y abandonar el otro. Cuando aceptamos los dos sistemas de pensamiento, es imposible gozar de la paz mental.

La verdad solo tiene un camino. Entre la cordura y la demencia no puede haber conflicto, sólo una de ellas es real. Tu libertad es la que te induce a poder elegir el camino que más te convenga. El ego tratará de persuadirte para elegir el camino menos bueno, poniendo tu libertad ante una contraposición del universo que creó la auténtica verdad. En tu decisión está el poder elegir el camino más correcto y real para el bien tuyo y el de los demás. La verdad es doblemente veracidad para ambas partes. Caminar sobre la verdad es mantener el equilibrio natural para el bienestar, donde la conciencia se mantiene en paz, sin albergar ninguna disconformidad en desacuerdo con ambos sistemas que conllevan al peligro corporal, que va dejando conflictos, síntomas, mensajes que no comprendemos, pero nos deja el aviso, la señal de que algo no marcha bien en nuestro interior, que tarde o temprano afloran las desavenencias que nos paraliza, rompiendo la paz y armonía de nuestro caminar. Por lo que tener paz es ir con la verdad. Todo consiste en dar ese primer paso, firme y seguro. Asentando las bases y cimientos sólidos para enseñar al segundo paso las formas de crear una buena línea que construya el camino para conseguir el objetivo deseado. Desear con convencimiento es crear con ilusión, y crear no puede ser difícil si se tiene en cuenta que Dios te creó para que fueras un creador.

No juzgues y no serás juzgado

Como seres, somos cuerpo, mente y espíritu. El espíritu separa lo verdadero de lo falso. Lo que el espíritu rechaza el ego lo acepta. Son las dos caras con las que te vas a encontrar. Desde tu libertad puedes elegir con qué quedarte, tu elección es el resultado de tu liberación y paz. Originando distintos estados de ánimo. El separar lo verdadero de lo falso en tu mente, te enseñara a juzgar cada pensamiento en la que tú dejas que se adentre en ella, yendo en contra a lo que no quieres y dando vida a lo que Dios puso en el universo.

Cuando te sales del camino del universo, el ego lo acoge causando diferentes períodos de ánimo al estar en otras frecuencias de creencia distintas a la verdad del reino universal. El atenerse presto a tener una buena elección, depende de ti. Tú eliges, con tu decisión, actitud y libertad para escoger entre la prioridad buena y menos buena. La tentación se te va a presentar, todo depende de ti, el estar consciente y ser constante ante el desconcierto, va a contribuir y coexistir en el buen camino. La estabilidad y el desconcierto no pueden convivir. El elegir el camino de la verdad, exige esfuerzo, sin embargo, una vez bien dirigido da firmeza y seguridad donde el Espíritu Santo te enseña y libera de tu mente todo prejuicio concediendo la paz mental de tu propio ser.

Sin juzgar, vas aprender que tener, se basa en dar y no en obtener. Al soltar, descargar, compartir y enseñar, estas dando y aprendiendo lo que estas enseñando y así experimentas a mantener tu mente en paz.

Si el ego va contra la creación, está generando dudas. Cada vez que alimentas al ego, en tu interior se generan dudas que cambian el nivel de ánimo en tu ser. Tu creencia firme, sólida y verdad en la creación te fortifica y genera energía positiva para fundar lo que opines plenamente en tu interior. La verdad no requiere vigilancia, pero las invenciones sí. Todo lo que está fuera de nosotros no nos pertenece y no somos responsables de los actos que origine otro ser. Siendo responsable de lo que inventaste aprisionando tu voluntad. Ese engaño originó una mente enferma, que hay que sanarla. Cuando tu mente sane, estará pletórica e irradiará salud. Esta será la forma que puedas dar, enseñar y aportar lo que es la curación.

Si tienes el deseo, afirmación y creencia de lo que quieres. Tienes que estar dispuesto, seguro y actuar con firmeza para abandonar lo que no quieres y, poder eliminar todo lo que perjudica a tu propio ser, para alcanzar la paz y la salud.

Si proyectas ira, no podrás sembrar amor

Es un reflejo de la ley de la mente, donde permanece en vigor desde la creación del universo. Un poder por el que se te dio para poder crear y por el que fuiste creado. Una ley que está muy grabada en el archivo central del reino y guardada en la mente del Creador. Dejando ese legado para que lo extiendas como creador, pasando a formar parte de la continuidad de la creación, de una forma creativa y constructiva para bien de todos. La manera y forma que la puedes utilizar depende de ti. Encontrarás barreras e impedimentos que te tente y dificulten el desarrollo de transitar por el camino correcto.

Tu mente es muy poderosa. Se encuentra con dos hándicaps que depende cuál de ellos eliges. Uno dirigido y guiado por la ley universal, que es el correcto, verdadero, creativo y constructivo.

El otro dirigido por el ego, proyectado en la destrucción, enojo, ira, el cual intenta perpetuar el conflicto, aprovechándose del poder de la mente. Siendo conveniente y bueno soltar el conflicto para liberar. Siendo contraproducente el repetir y contar el conflicto a toda persona. De esta manera le estarás dando vida a lo que no quieres, alimentando al ego que te impulsa para que el conflicto permanezca en tu mente el mayor tiempo posible. Malgastando energías de tu fuente, necesarias para alimentar lo que si deseamos para el bien del reino y personalmente para ti.

El medio ambiente que te hace feliz

"Cuando expresas tu libertad, vas por la vida libre, sin imposiciones, impedimentos y con total trasparencia" haciendo lo que te gusta, haciendo feliz al que te rodea. No solo te encuentras tú feliz, si no que estás sembrando semillas de felicidad en tu entorno, encontrando tu propio medio ambiente que te hace feliz. Seguir este paradigma es lo más fácil y natural que puedes encontrar. La sociedad encuentra varios grados de dificultad a desarrollar este modelo que cada uno es dueño de labrar para avanzar, crecer y construir un medio ambiente en el que se pueda habitar sin dolor y sufrimiento.

Al no corresponder lo que se hace con lo que se quiere hacer, originando un malestar en tu interior por no sentirte a gusto y libre con lo que estás haciendo.

En la vida, aunque hay grados de dificultad si le pones ilusión, deseo y amor en todo lo que tú haces, será más llevadera, siempre que le pongas esa pizca de querer difundir pasión. De lo contrario te encontrarás con una insatisfacción y malestar que corre por todo tu ser originando un malestar en tu sistema inmunológico que albergará síntomas que avisan de un origen que no te pertenece y que llegó a ti, bien por una imposición, por falta de decisión, por no ser tú o por falta de libertad para poder elegir. Haciendo las cosas porque otro las hace y tú no quieres ser menos, perdiendo tu libertad de expresar lo que tú eres y quieres ser y hacer. Todas estas circunstancias y otras, generan tensión al no ser correspondido para lo que fuiste preparado, ambiente que fuiste labrando. Llegando el momento que te das cuenta que no es lo tuyo, que por más que intentas no consigues adaptarte, no sirviendo de nada el intentar algo a lo que tu interior está negando la conformidad.

¿CUÁLES SON LAS CAPACIDADES DE CONSEGUIR LOS OBJETIVOS CON ÉXITO?

Son capacidades y dones especiales con profundas características que vienen y aparecen desde distintos ambientes naturales. Capacidades que se aprendieron o te enseñaron por el deseo de un propósito de mejorar, y crecer poniendo una gran cordialidad.

CONFIANZA: El tener esa seguridad y libertad de poder conseguir el objetivo hace que no pierdas el foco de lo que quieres y mantenerte seguro de lo que deseas, llevando toda tu concentración hacia un punto. Descartando toda inseguridad y focalizando tu deseo. Todo ello te lleva a mantener un crecimiento progresivo, generando un ambiente favorable para preparar el terreno para los siguientes pasos.

Todo árbol nace de una semilla. Para sembrarla requiere que se labre el terreno, en la que asentará su base, sus raíces que son los cimientos, el sustento del tronco que con el tiempo se formará. Las raicillas son el apoyo en un mundo oculto y subterráneo que no se percibe, pero que está ahí, que requiere un esfuerzo y valor para ver la luz. Después del asentamiento, llega con valor, un ciclo de crecimiento que supone una inestabilidad que genera el día a día con la evolución del despertar para dar vida, enseñar. En el crecimiento encontrará barreras que impidan el desarrollo no poniéndolo nada fácil. En el valor de la luz se encontrarán sombras, antes de llegar el tiempo de los logros y dar fruto.

HONESTIDAD: La confianza te proporcionará la limpieza. Pues nada de lo que dices está en contradicción con lo que piensas o haces. Toda persona honesta es congruente con sus actos. La honestidad te dará la gran libertad, generando una gran paz y así podrás evitar todo tipo de conflictos que se pueden generar al perder el valor de la honestidad, generando apremios de deshonestidad.

TOLERANCIA: Es la actitud de las personas que respeta las opiniones, ideas o actitudes de los demás individuos, aunque no coincidan con las propias. Teniendo una verdadera paciencia e indulgencia para no juzgar la actitud de los demás, que puede ser tan respetable como la nuestra. Todo depende desde el punto cardinal que cada uno lo mire, podrá observar distintas escenas.

MANSEDUMBRE: La docilidad, suavidad y benignidad en el carácter y en el trato ira unido a la humildad. Caminando por estas características no tropezarás en los conflictos, barreras, e impedimentos que puedan surgir. Consiguiendo ser humilde y manso tendrás de tu parte dos grandes virtudes que te ayudarán a no caer en esas tentaciones de los conflictos. La deshonestidad va unida al daño, originando ira, temor y miedo. Emociones contraproducentes que rompen tu equilibrio, dejando tu conciencia en un estado de confusión e inseguridad que te hará perder el poder de concentración y alimentando la inestabilidad e inseguridad en lo más preciado de tu ser como puede ser tu sistema inmunológico que acarrea la entrada de componentes que hacen cambiar la formación de células y hormonas que son esenciales para el propio sistema. De tal forma que esas afluencias de habitantes poco saludables originan en el sistema barreras tóxicas que poco a poco hacen caer el sistema en el decaimiento y la enfermedad. Todo ello por desviarse del camino que te lleva al buen funcionamiento del sistema.

JUBILO: Gozo y alegría muy intensa que se hace ostensible. Cuando todo va bien te sentirás pletórico de alegría, contento. Esa sensación es el fruto de elegir el camino de la verdad, el cual te aportará paz y buen funcionamiento de tu propio sistema inmunológico al estar produciendo células y hormonas que trabajan en consonancia con lo que el cuerpo necesita, adquiriendo un poder y potencial supremo. Ahí es donde está el bienestar saludable de una mente bien dirigida, un cuerpo con buen funcionamiento y un espíritu bien iluminado.

LA SENCILLEZ Y GENEROSIDAD: Son doblemente eficaz en todos los sentidos. Es entendible en todos los apartados de la vida y en los que lo llevan a cabo se sienten realizados y comprendidos. Uno no recibe sin dar, coloquialmente diríamos:" Si no se siembra no se puede recoger". El ser generoso alimenta y crece lo que queremos. Aunque se piense que, si se da, se pierde, no es así. Desde el sentido de la palabra, cuando enseñas, alimentas tu capacidad de desarrollo y crecimiento, dando vida a lo que quieres. De lo contrario cuando se quiere ocultar, esconder, se entra en el olvido no siendo beneficioso para ninguna de las partes. La simplicidad es facilitar con llaneza y naturalidad lo que se quiere transmitir con sencillez. La bondad con que haces o das algo se ve en el desinterés egoísta y se percibe la benignidad y grandeza al aportar algo que te hace crecer con dignidad y esplendor para ti y el de tu entorno.

PACIENCIA: Capacidad importante que te aportará calma para conseguir con éxito las metas propuestas de tus objetivos. Esa calma, tranquilidad de saber esperar que llegue el momento final de conseguir el objetivo, superando las adversidades, impedimentos y circunstancias a veces molestas y ofensivas que surgen en el caminar, aceptando con fortaleza, sin quejarse de la situación. Esa paciencia te traerá la calma, mansedumbre y aguante para ser perseverante en conseguir las metas sin sufrir.

CREENCIA: Es estar seguros de conseguir lo que se visualiza y focaliza en la meta determinada. El estar dispuesto, actuar con seguridad, determinación y confianza te conducirá con fidelidad y rectitud a alcanzar tu deseo planificado con total crédito. Cuando la creencia y la fe se convierte en inseguridad, se pierde todo el potencial y fortaleza de poder conseguir el objetivo. Con lo que se alimenta la desesperanza y das vida a lo que no quieres. Y si das vida a lo que no quieres, es lo que está creciendo, consciente o inconscientemente te alejará de los medios, de la ley de atracción, de lo que realmente deseas conseguir. Todo tiene su explicación. Cuando tu alimentas y das vida a lo que no quieres, por supuesto te va a apartar del camino de la verdad para conseguir tu objetivo. Desgastando las energías e invirtiéndolas en caminos derroteros que no te va a generar beneficios, sino todo lo contrario. Siempre tendrás que invertir energías en lo que quieres. Por lo que debes centrarte y, focalizar en lo que tú quieres, ese es el gran poder de nuestro pequeño consciente para sacar el máximo partido al potencial de nuestro poder mental trabajando en lo que deseas. Viviendo "el aquí y ahora", actuando con total libertad. Sin pensar en qué dirán, haciendo las cosas porque tú las sientes, las deseas. Y no porque tu amigo lo haga u otros lo vean de otra manera como tú lo percibes.

Tu decisión es la que manda en tu interior

Los juicios cierran tu capacidad de decisión, sin haber observado las ideas de los demás, algo que debes esperar, comprobar y corroborar el pensamiento de la otra parte antes de juzgar. Al escuchar la otra parte amplías el abanico de conocimiento, unificándolo al que tú ya tienes. Esta es la forma de tener una mente abierta para crecer en conocimiento sin juzgar antes de valorar y comprobar la información recibida. Una mentalidad abierta siempre te da la oportunidad de invitar a entrar. Si de entrada ya pones impedimentos juzgando, cerrarás la puerta, dejando en blanco la información que te podía haber llegado. Por lo que es aconsejable, escuchar las distintas versiones de los demás, y dentro de las posibilidades que tienes, que tengas la libertad y decisión de que tu elijas la más conveniente y certera para ti. Todos somos humanos y tenemos el derecho a equivocarnos, pero también de perdonar. Hay un dicho que dice: "Quien tiene boca se equivoca y quien tiene pies tropieza" por lo que rectificar es de sabios y perdonar es liberar tu mente, cuerpo y espíritu, allanando el camino para tiempos venideros.

Pide y se te dará

No nos damos cuenta, pero cuando hablamos estamos pidiendo cosas. Tu mente está siempre alerta, no tiene límites. Recuerda que cuando hablas con alguien, también te hablas a ti. Tal como lo imagines a él, te imaginas a ti. Tal como lo trates a él, te estarás tratando a ti mismo. Tal como pienses de él, así pensarás de ti mismo. En tus análogos, estará tu propio reflejo. La responsabilidad que tienes hacia él, la tienes hacia ti. Por eso el dicho: "No juzgues y no serás juzgado" La voluntad del todo no es algo que se te pueda imponer. Tú tienes que tener la libertad para poder elegir. Ya que tienes la libertad, no elijas lo menos bueno. Ten la capacidad de elegir lo mejor para ti. Dios siempre desea lo mejor para todos y nosotros somos los que tomamos la decisión de lo que queremos. Nuestra voluntad, no es la voluntad de Dios. Las malas decisiones no tienen ningún poder porque no son verdaderas, siempre se pueden cambiar. La voluntad de Dios es enseñarte por el buen camino. Si tu voluntad es unirte a la voluntad del Todo, fluctuará y te llegará tu deseo, tu objetivo. La luz no ataca la oscuridad, pero la desvanece con su fulgor. Si quieres recibir, tienes que dar. No se puede recoger, sin sembrar.

La palabra

Sé agradecido, cariñoso, amable, agradable y afectuoso contigo mismo y extiende este género a los demás.

La palabra fiel conductora de nuestra imagen, de nuestro hacer y repercutir de nuestros actos que nos dirige como el timón guiado por el capitán del barco. Consciente o inconscientemente la palabra la soltamos dirigiéndola por caminos equivocados que van a mal puerto. Según la dirijas llegará a buen puerto originando grandes beneficios, donde recogerás muchos frutos, o quedará en la deriva donde no alcanzarás nada, tan solo encrispar el entorno. Todo depende con qué sentido y actitud la utilices.

"Las palabras no las lleva el viento", las palabras tienen poder e influyen positiva o negativamente. Las palabras curan o hieren a una persona.

La palabra es como un libro. La diferencia está en hablada o escrita. Según el dicho: Las palabras se las lleva el viento y, lo escrito, escrito está y se puede leer. La palabra dicha puede hacer mucho bien, aunque también puede hacer mucho mal. Depende con el color del dardo que se lance. Es el factor más decisivo y determinante, no solo en el campo de la cultura, la ciencia y la técnica. Según hablemos o nos hablemos será trascendental, beneficioso o perjudicial para la humanidad. La evolución del acto de la palabra genera en el ser una civilización y cultura que ayuda al desarrollo del bienestar personal e inmunológico. De lo contrario viviríamos en un aborregamiento de personalidad atrofiada y en tiempos de un primitivismo. La palabra igual que escrita tiene en sus formas y páginas la endeble espada que vence al tiempo y al espacio en su lucha por la conquista del ser y estar cada día mejor, llevándonos a la luz del presente y a la intuición del futuro. Posee el poder magistral de hacer vivir entre nosotros, un inmenso caudal de ideas, de pensamientos en erudición para sostener la mano robusta del centro de mando de la forma de pensar y hacer. Cuida tus pensamientos porque ellos se convierten en palabras, ellas marcan tu destino. Esas formas hacen de la palabra, el lenguaje de la cabeza y le acompañan la sonrisa, siendo el despertar del corazón. La palabra nos aleja de la soledad. Así como el libro es uno de los mejores y más fieles amigos del ser humano, siendo el maestro para el desarrollo mental de grandes capacidades, así como el depositario de infinidad de vivencias. Grandes escritores nos dejaron poesías, dedicatorias y escritos de lo que para ellos representaba un libro. Por citar alguno, Rubén Darío escribió:

"El libro es fuerza, es valor, es poder, es aliento, antorcha del pensamiento y manantial del amor"

Sin la ayuda generosa de la palabra y los libros, la vida humana sería más triste y aburrida. Siendo un caudal de comprensión, conocimiento, cultura y desarrollo del hombre, acompañado de un gran deporte para la inteligencia. Este abrumador caudal del conocimiento deja llenos depósitos para regar y expandir un gran discernimiento a la humanidad en futuras generaciones, habiendo sido muy útil para nuestros antepasados, quienes nos dejaron verdaderas joyas escritas. Independientemente de la evolución de la vida, del tiempo y de los años pasados siguen siendo muy útiles para el día de hoy. El acto de comunicar a través de la palabra, de la escritura, del cuerpo es una realidad que favorece el traspaso de conocimiento y entretenimiento de gran satisfacción. La comunicación favorece la unión y entendimiento, poniendo fin a la separación. Siendo el ataque, enojo lo que favorece la separación. La palabra, el lenguaje úsalo acompañado de la verdad y lo verás correctamente. Cuando lo usas incorrectamente encontrarás el uso que tú le das, con la pérdida consecuente de tu paz. Originando no solo la pérdida de la paz, sino albergando y dando vida a la enfermedad, ocasionando la pérdida de salud. Pues a través de la palabra la mente recoge esos mensajes que compartes y, a la vez recoge para trasferir a tu preciado cuerpo. No dejes que tu palabra, tus pensamientos detengan el buen fluir positivo y optimista para conseguir tus metas.

Piensa muy bien antes de hablar, cálmate cuando estés airado o resentido, y habla cuando estés en paz. De las palabras depende muchas veces, la felicidad o la desgracia, la paz o la guerra, teniendo mucha fuerza con ellas podemos destruir lo que hemos tardado mucho tiempo en construir. Una palabra fuera de lugar es capaz de arruinar algo por lo que hemos luchado, mientras una palabra de aliento tiene el poder de regenerarnos y darnos paz. Las palabras despectivas o insultantes no crean algo edificante. Con el uso de expresiones agresivas, lastimamos las personas, provocando heridas, creando resentimientos y dolor, que volverán a nosotros.

Las palabras son manifestaciones de nuestro interior, cuando cuidamos nuestro lenguaje purificamos nuestro interior.

Muchas enfermedades son el producto de nuestros pensamientos desequilibrados. La violencia, la mentira, el resentimiento y tantas otras cosas conviven con nosotros fruto de nuestros pensamientos.

Ante ello tenemos que cultivar cualidades de amor, verdad y gratitud, creando un mundo interior en donde la bondad y la sinceridad brille. Una palabra alegre puede iluminar el día; una palabra de amor, puede curar y dar felicidad.

Mientras que una palabra cruel, puede arruinar una vida. Una palabra de resentimiento, puede causar odio.

¡Las palabras son vivas! ¡bendicen o maldicen, salvan o condenan! De ti dependen si las usas para bien o para mal.

Cuida tus palabras, ellas tienen poder. Habla de tal manera que en tu alma y en la de los demás permanezca la paz.

El propósito unificado de la salud

Cuando hay una comunicación entre mente, cuerpo y espíritu se unen energías que se desarrollan en una buena salud. El ego es el responsable de separar el cuerpo de esta unión. Al haber una separación, hay un enfrentamiento, un ataque que origina la enfermedad. Por lo que es muy importante que exista una buena unión, un amor entre mente, cuerpo y espíritu para que la curación llegue. Cada momento que ocurre esa separación, estas colaborando a algo perjudicial para tu cuerpo.

Tu cuerpo se compone de muchos órganos que unidos son vasos comunicantes que forman un solo cuerpo generando una buena convivencia, comunicación y unión con el propósito de convertirlo en una comunidad excelente para la salud. La comunicación pone fin a la separación.

El ataque y abandono, fomenta la separación. Un cuerpo puede ser pernicioso o útil, impulsivo o tranquilo, dependiendo del trato que le des, que sepas que tu cuerpo-mente reacciona a los distintos impulsos. Nunca mejor dicho: "del amor al odio solo hay un paso". Tu libertad es tuya, tú eliges y decides qué escoger. En toda siembra de cualquier apartado de la vida que lo hagas con amor, los frutos serán buenos. Si lo haces con desprecio, rabia, enojo, lo estarás haciendo incorrectamente, recibiendo los frutos como tú haces la siembra. Toda pérdida procede de los falsos conceptos que albergas. Tus pensamientos son expresiones de comunicación, usarlos de forma natural y correcta te llevará por caminos correctos.

Una mente unificada, natural, ordenada y restaurada, será integra en unión con el cuerpo. Desviando todo obstáculo. Una mente atascada, vulnerable, se vuelve una mente enferma, que ataca a su propio cuerpo. Soltar, despeja los diferentes obstáculos, ayudando y garantizando la curación. Comunicar es unir, es vivir; atacar es separar. El propósito de unir libera a la mente de la tentación de planificar objetivos perniciosos y derroteros. Las decisiones erróneas son en muchas ocasiones la causa de las enfermedades. Ver tu ser, tu cuerpo, tu mente de cualquier otra forma que no estén unidos como vasos comunicantes, es estar limitando a tu mente-cuerpo a hacerte daño, fomentando, alimentando y dando vida a lo que no quieres, o sea a la enfermedad.

El poder de la plenitud es una buena comunicación y extensión entre mente- cuerpo-espíritu. La buena armonía te hará encontrar la salud y la paz, ayudado de otras facetas, como la buena alimentación y el ejercicio. No dejes de quererte, amarte y cuidarte para llegar a conseguir un buen equilibrio en tu ser.

Una buena proyección, empuje de una buena unión

Tienes la elección de poder elegir. Un camino dirigido por la influencia del ego y el otro dirigido por el Espíritu. Para el ego es la ley de privación. Mientras que para el Espíritu es la ley de la unión, abundancia, extensión. El ego te va a intentar perpetuar el conflicto. Una buena proyección descodifica la confusión.

En ocasiones el error está en pensar que al soltar y deshacerse de algo que no sirve dándolo al otro eliminas las repercusiones. Confundiéndote de situación. Dando el conflicto es como lo conservas. El verlo fuera de ti es como lo eliminas de tu interior, es una confusión. Cuando la proyección no abandona tu mente, cuanto más lo das, más crece, más vida le das, a algo que no quieres. Es un acto que sigue en tu mente y al no poder separar, fragmentar a la mente, todo lo que repites más enseñas y más crece en tu mente. Ese camino es el que desea el ego para mantenerte atrapado en el conflicto. Para desvanecerlo y quitarle poder lo mejor es no creer en él, pasando al olvido de tal manera que la soledad y el abandono le quita energía y le lleva al declive. Depende solo de tu mente. Tú puedes limitar tu poder creador. Tu egoísmo es lo que te induce a través del ego a que el conflicto crezca en tu interior. Crear es lo opuesto a perder.

El Espíritu anhela compartir, lo contrario fue la voluntad de cristo para que el ser se extendiera de una forma amorosa. Sin embargo, el pensamiento del ego obstaculiza la extensión. Por lo que una mente dividida se encuentra en los extremos de la cuerda en la que cada parte va en distinto sentido rompiendo el fruto y amor de la unión.

El dolor aparece,
el sufrimiento lo creas

Cualquier circunstancia, evento, pérdida, separación pueden ocasionar un dolor que afecta a nuestro equilibrio y estado emocional, algo que no está en tu mente, y le das cabida. Acontecimiento que origina un dolor, un estado de malestar, proliferando un bajón del estado anímico, acrecentándolo y dando vida a lo que no se quiere. Este estado origina un sufrimiento que originas tú, debido a la situación de la circunstancia. Con el hecho de aumentar tal situación por algo que ocurrió fuera de ti y que estás creando un estado de sufrimiento en tu propio ser. Algo que no tiene solución, no dependiendo de ti. Sufriendo por el duelo que no se llega a conseguir nada por el simple acto de repetir en tu mente el dolor que te está reteniendo el desarrollo de la continua paz. Cuando se acepta el suceso para continuar el caminar, el duelo seguirá, pero el sufrimiento desaparece, al ser algo creado por ti, debido a la pena, tristeza del suceso, por admitir en tu mente algo que no se encuentra en ella.

Cuántas personas ante la pérdida de un ser querido, se tiran varios años, a veces décadas o hasta el final de su vida, lamentándose por la pérdida. No teniendo otro tema de conversación más que la pérdida. Sin darse cuenta que cada vez que hacen el comentario del suceso le están dando vida a lo que no quieren, y con el acto le dan duración y poder a lo que les está generando un sufrimiento, barrera que les impide el desarrollo de crecimiento para continuar una vida sin la parte que partió. En el caso de una separación ambas partes además de juzgar, criticar y desear malos augurios entre ambos, generan unas tensiones, odios y resignación que lo único que se hace con ello es alterar y perder la paz interior de cada uno de ellos, llegando a la conclusión de dañar su don más preciado como es el cuerpo y la mente de cada cual, malgastando la economía en la justicia para la mayor parte de las veces pagar las consecuencias terceras partes como pueden ser los hijos, sin tener culpa de las circunstancias acaecidas por el desenlace. No se puede ir en una dirección determinada, sin abandonar la otra. Lo que uno aprende en el pasado te tiene que hacer maestro para diferenciar entre lo que entonces te hizo feliz y lo que no. No se puede aprender de dos expertos capacitados que están en completo desacuerdo de cualquier situación que se presenta. La verdad solo tiene un camino y es la sencilla razón por la que se puede ir con la conciencia tranquila y a la vez con la paz interior llena de amor que concede alegría y armonía al propio ser y al que le rodea.

El querer pacífico genera más beneficios

Nuestro querer tiene que ser sereno, pacífico, paciente y desprendido de intereses, que la mayor parte actúan egocéntricamente a cambio de algo, bien un interés económico o un bien material que se espera recibir a cambio.

Un querer impaciente, demasiado precipitado, irritable inquieto en la vida nos deja una actitud carente de amor y disfrute del desarrollo de nuestro ser, lo que impide disfrutar de una paz en nuestro interior. Generando tensión, malestar y un estado de defraudado por querer comer la fruta cuando ni siquiera está en flor.

Cuando se pierde la paz porque nuestra satisfacción no es lo suficiente buena como queremos. Se pierde por estar en tiempos futuros, cuando no hemos disfrutado del presente. Disfrutando las formas y tiempos en su debido momento es ir a la par con lo que va surgiendo, disfrutando cada momento tal como es la realidad, sin precipitarse, ni apresurarse por tenerlo ya, dando tiempo al tiempo, disfrutando de todos los tiempos, observando como cada tiempo es significativo para que llegue el momento crucial de disfrutar, saborear y sentirse realizado con el proceso para acoger el objetivo deseado, recogiendo el fruto maduro.

Perder la paz es encontrar explicación a lo que nos falta por recorrer, para aprender a controlar, para manejar las distintas situaciones que se presentan para conseguir el equilibrio, conocimiento para manejar el barco ante las distintas situaciones, mareas y tempestades que en el navegar se presentan. San Francisco de Sales dice: "nada retrasa tanto la virtud como el desear adquirirla con demasiado apresuramiento" Pues todo lo que haces con amor, desinterés y sinceridad, regresa a ti con mayor proporción. No importa cómo te paguen los demás, la recompensa viene de arriba y no llena tu ego, sino tu corazón.

El amor y la comprensión
son curativos

Mucho de lo que nos pasa es lo que pensamos de nosotros mismos. Si piensas que nada te sale bien o que no vales lo suficiente, los demás pensaran eso de ti. Puedes cambiarlo, pero no vale, no basta con decirlo. Tienes que sentirlo, creerlo y entender muchas cosas sobre como creamos nuestra realidad. Sobre todo, vivir sin culpa, abrirnos al amor y la comprensión para no castigar nuestro cuerpo y la salud. Al principio todo resulta difícil. Con la repetición, la práctica y la constancia te hará sentir que las cosas las entiendas mejor. Puede ser que a tu alrededor pasen cosas increíbles, solo si abrimos nuestra mente, el corazón y confiamos, la ley de atracción dejará en nuestro ser cosas que no nos esperábamos. En el libro de Louise Hay "Usted puede sanar su vida" nos deja grandes ejemplos de auto curación y el poder que yace en nosotros. Un poder de sanación que está en nuestro interior a través del pensamiento.

LA COMUNICACIÓN

Las distintas formas de comunicación hacen concordar con lo que decimos de una forma hablada.

La comunicación verbal de una forma asertiva que hace expresar lo que exponemos que llegue a la otra parte dando una información. La expresión facial nos da una información de la comunicación que deja en ocasiones la clarividencia de la declaración oral. Como lo decimos, como lo pronunciamos hace que nuestro subconsciente hable con nuestras expresiones. La postura dice mucho de la información que estamos transmitiendo. La apariencia es importante en el primer impacto, la primera impresión refleja datos que ayudan en posteriores comunicaciones.

Lo mismo ocurre en el lenguaje, componentes paralingüísticos como son los tonos, volúmenes que pueden modificar el mensaje que damos. La velocidad con la que hablamos expresan esa tensión o tranquilidad ante el oyente. Los silencios dejan tiempo de interpretación.

La duración de hablar, deja espacio en el que podamos caer en un egocéntrico estado de hablar mucho, sin dar pie a escuchar las ideas de la otra parte. Preguntas entre ambas partes puede dejar una comunicación que establece una buena armonía. Esto nos alecciona sobre lo importante que es el lenguaje dentro de la comunicación. Solo es posible y auténtico, si por ambas partes se da limpieza de intención y búsqueda honesta de la verdad. No todos están dispuestos a abrirse cabalmente a la verdad. Como dijo Oscar Wilde "La verdad es muy dolorosa de oír y de manifestar" muchas veces los que buscan la verdad son los que no tienen nada que perder. Hay quien va buscando con mente obtusa, bajo intereses ajenos a la verdad.

En la comunicación debemos aprender a decir no, cuando decimos sí. En ese acto nos volvemos más vulnerables. En ocasiones para ser acogidos, queridos y apreciados con el acto de decir sí.

El ejemplo tiene que partir de nosotros. Si estamos diciendo no hagas esto y nosotros no damos ejemplo, estamos confundiendo, enfocando el argumento de una forma nefasta. Aceptarte a ti mismo y quererte a ti mismo, es el mejor ejemplo que puedes hacer para que la gente te quiera como tú eres. Poniendo límites para que la gente no abuse de nosotros. Hay que dar tiempo para analizar las cosas, estableciendo unos límites, sin buscar agradar a los demás, por el hecho de que nos quieran. No pasa nada cuando uno expresa tu sentido o tu idea. Perder el miedo ante lo que digan. Acepta la ansiedad ante ese proceso, vívelo, siéntelo y déjalo que fluya.

El proceso biológico de la curación

Influyen muchos agentes que ayudan a la curación, no solo el médico nos da las pautas para la curación. Los mejores médicos son agentes medio ambientales, los más curativos que ayudan a mantener un sistema inmunológico en un verdadero equilibrio, son: el sol, aire, agua y tierra, unido al ejercicio y una buena alimentación con productos naturales hacen un complemento del proceso biológico curativo más importante. Los alimentos cuanto más naturales mejor.

Recuerdo mi niñez en el pueblo donde en casa se sembraba de todo, verduras, patatas, hortalizas. Mi padre plantó gran variedad de árboles frutales. Esa fruta que tenía un sabor distinto al que tiene la de hoy. Desde su recogida sin necesidad de meterla en cámaras duraba cinco o seis meses, no se pudría, se arrugaba, manteniendo ese sabor y olor tan especial. Hoy día la fruta que compramos, si no se mantiene en el frigo a los cuatro días se va. La diferencia entre lo que comíamos y lo que comemos es abismo. Teníamos alimentos de calidad, unido al amor que ponía nuestra madre y abuelas en la preparación, eran complemento para tener la magia de disfrutar de una homeostasis para nuestro sistema inmunológico en total equilibrio. Hoy cuando vuelvo al pueblo y veo las tierras, prados y campos abandonados, llenas de zarzas y maleza donde antes aparecía sembrado de cereales, hortalizas, patatas, pastizales habitados por el ganado, una era llena de medas, trillas. Vecinos unidos en todas las labores del campo. Todo eso se ha perdido, mientras la ciencia va evolucionando. Olvidando unos oficios de cultivo y un arte de preparación de esos alimentos nutricionales y tan naturales. Aunque hoy muchas veces ya no comemos por hambre, sino por compromiso, horarios marcados, o para tapar esas angustias y ansiedades que no se expresan. Llenando de comida basura lo que deberíamos llenar de vida. Apareciendo en ocasiones enfermedades por estar llenos de comida sin digerir, ni asimilar. Comida que se hace inconscientemente sin disfrutar. No es lo mismo comer que engullir y tragar sin masticar, ni saborear.

El ser humano tiene que comer para vivir y no vivir para comer. Cuando se hace de una forma consciente con un alimento que es amor, que nos da vida. Hay que agradecer esos ricos alimentos que la madre tierra nos regala cada día con el empeño, cariño y amor que se pone para ser cultivado, devolviendo ese esfuerzo en energía para nuestro sustento. Comer variedad, color, naturaleza es ingerir antioxidantes que generan energía vital para el desarrollo y hacen neutralizar los radicales libres que están en el cuerpo. De esta forma se cuida y alimenta el órgano oculto, más conocido como flora intestinal o microbiota, formada por un noventa y ocho por cien de bacterias y un dos por cien de virus, levadura y hongos. Formando parte del segundo cerebro. Una microbiota que cuanto más la cuidemos con alimentos naturales de frutas y verduras más nos cuidara. Le damos fibra, celulosa a cambio de salud.

En las enfermedades los tratamientos de antibióticos castigan vilmente la microbiota, restándole el ejército de bacterias que la componen. Teniendo que acudir en ocasiones a probióticos para volver a restituir los microorganismos de la flora intestinal o microbiota. Estos conjuntos de microorganismos corresponden en su mayor parte a bacterias con un noventa y ocho por cien y otro dos por cien a virus y hongos. En el proceso biológico es más recomendable la comida vegetariana, aunque ayudan complementos como los prebióticos y probióticos, ya se decía antes que "lo natural es dos veces bueno".

Comemos energía tras la materia. Cuando comemos, el tener una buena actitud es muy importante, agradecer, saborear, degustar, comer conscientemente, en compañía, con armonía, reconociendo que el alimento, la comida que ingerimos es amor que nos da energía. Destacando que con los alimentos naturales nos curamos y con los comestibles enfermamos. Un comestible lo podemos ingerir, pero no nos alimenta, más conocido como comida basura. Un alimento natural tiene esa energía, el color de la naturaleza, las vitaminas recibidas de la luz del sol, los minerales de la tierra que disfrutamos siendo inquilinos de ella. Hipócrates decía: "Que los alimentos sea tu medicina y que tu medicina sean tus alimentos" Comiendo estos tipos de alimentos, estando tranquilos, con buena compañía, aquietando los malos pensamientos, respirando profundamente, realizamos una alimentación correcta. Acompañada de otros alimentos que ingerimos como el sol que tomamos, el agua, el aire que respiramos y acompañado de unos buenos ejercicios son el complemento de mantener una buena salud.

Tenemos que darnos cuenta que aquello que nos focalizamos en luchar contra la enfermedad, no es el remedio. La lucha contra el conflicto en ocasiones lo que hace es encriptarlo más. No debemos alimentar lo que no queremos. Lo que debemos alimentar, es favorecer la salud. Al dar vida a lo que nos rodea, nos sentimos bien, con armonía, felicidad, siendo emociones que alimentan nuestro cuerpo, sin necesidad de comer tanto. Cuando comemos en abundancia es por la ansiedad de no estar llenos de nosotros mismos, por lo que lo completamos ingiriendo demasiada comida que desemboca en un almacenamiento que no desgastamos originando otros efectos sobre lo más preciado de nuestro ser. En ocasiones me quedo con el ejemplo de la botella que queremos llenar puesta sobre una mesa de madera. Si echamos más contenido de su capacidad lo que surge es que se derrama el contenido y cae sobre la mesa y acaba dañándola. Eso es lo que sucede en nuestro cuerpo cuando lo sobrealimentamos originando males mayores con el alimento sobrante. Por lo que hay que comer con gusto para vivir a gusto, sin maltratar a nuestro ser. Hay varios dichos: "Poco plato y mucho zapato" "La mitad de comida, el doble de gimnasia y el triple de risa" Poniendo el ejercicio de la voluntad, unido a la constancia, se puede conseguir el mantener un buen nivel de salud, para merecer llegar a una longevidad llena de energía y vitalidad.

El pensamiento

El poder mental creativo, constructivo o destructivo, todo ello originado por pensamientos de los que somos libres a la hora de elegir. Todo pensamiento tiene energía dependiendo de cómo queremos focalizar esas energías, así obtendremos los diferentes beneficios. Pensamientos verdaderos o falsos que desarrollan diferentes estados emocionales.

Todo pensamiento verdadero extenderá paz, alegría, armonía, un buen sentir generando un poder creativo y constructivo para nuestro bien y el de nuestro entorno. Mientras el pensamiento falso genera ausencia de paz, proyectando una imagen destructiva, generando un malestar en nuestro interior. Todo es pensamiento cuando hablas, cuando expresas, compartimos tendencias, movimientos, reflexiones de pensamientos que nos llevan a albergar emociones que pueden ser ilusorias o conflictivas de miedo o pánico que nos pone en un estado de frecuencia de vigilia.

Hay noticias que te llevan a un pensamiento ilusorio. Una noticia en los medios de comunicación, como puede ser un incendio. Esta noticia te lleva a un pensamiento sostenido por una información, que genera una preocupación en la que te hace pensar que te puede pasar. Tú eres el que aceptas o deshechas esa información generando y sosteniendo un pensamiento que tu alimentas. Tú creas a través del pensamiento la noticia. Eres consciente de sostener el pensamiento. El pensamiento que se rumia durante demasiado tiempo genera ansiedad por querer sostener el pensamiento. Eres libre en la creación de tus pensamientos. Aquello que das recibes. Todo pensamiento es energético y tú eres libre de sostener dicho pensamiento. Viendo si ese pensamiento es creativo o destructivo. Piensa aquello de lo que das recibes. Si es creativo y te causa paz es verdadero. Si es destructivo te quitara la paz y te llevara a la guerra. Tu libertad con el pensamiento te llevará a la paz o te la quitará. Disfruta del saber que eres libre del pensar. Reconoce, disfruta y degusta de tu poder. Los pensamientos que generan incomodidad, son no alineados con la verdad. No eres el producto del movimiento. Eres el camino hacia la libertad del ser.

Buda decía: "los mayores enemigos son tus propios pensamientos negativos". Cuando el pensamiento es verdadero te da energía. Cuando es falso te la quita.

En una clase de biomagnetismo con el Dr. Miguel Ojeda, sacó a un asistente en la sala y le dijo que abriera los brazos y pensara en un nombre falso. Y le pregunto: ¿Cómo te llamas? Dando el nombre falso. Se comprobó que no tenía energía para mantener los brazos abiertos. Luego le volvió hacer la misma pregunta, dando el nombre verdadero. Comprobando y observando que por más fuerza que hacia sobre uno de los brazos no conseguía bajarlo. Lo que dejó claro que el pensamiento falso quita energía, y el verdadero genera energía.

Aunque dentro de la norma, hay excepciones. Pues hay personas que no le afectan los actos, ni las emociones y son capaces de cualquier cosa, aunque no sea lo correcto.

Aprende a eliminar tus obstáculos

Lo principal y primordial para aprender es tener un buen maestro, solo él sabe lo que es tu realidad. En ti existen dos maestros. El maestro de la verdad, el Espíritu Santo y el maestro de lo falso, el ego. El ego no sabe lo que está tratando de enseñar, por lo que, si él no sabe, mal puede enseñar. Sin embargo, su persistencia te lleva a convencer. Con ello te hace entrar a su rol, generando más conflicto y a la vez la barrera y el obstáculo crece poniendo más impedimentos para eliminar el inconveniente. Experto en crear confusión y confundido en guiarte por el camino de la verdad. Quitando mérito al verdadero maestro, el que te guía por el buen camino, enseñando la realidad del auténtico camino que te da a conocer la paz, armonía, experimentar abundancia y amor, con una fortaleza honesta contigo mismo. Es tu decisión de elegir desde la libertad lo que mejor quieres experimentar en tu propio ser.

Aprender es placentero, te hace crecer, sintiéndote satisfecho con el conocimiento que cada día vas adquiriendo. Siempre que el que te enseña, te guía por ruta de la realidad de una forma original y honesta para facilitar el buen progreso. Cuando el experto que te guía no sabe, lo lógico es que te lleve al precipicio, suponiendo la pérdida para ti, donde te guiará a un túnel sin salida. El ego tratará de enseñarte lo contrario a la voluntad natural y verdadera, vulnerando tu energía y liberación para que tenga miedo ante distintas situaciones que se presentan. La voluntad de Dios va unida a la tuya, por lo que es una y no tiene límites, con su poder y gloria, su amor, paz y fuerza ilimitados para desearte que llegue a tu ser lo mejor.

Buscando inquietudes en tus reflexiones

Todos tenemos grandes conocimientos fuera de nosotros, generando un gran legado durante toda la vida. Sin llegar a conocernos nosotros mismos. Desconociendo grandes detalles de cómo funciona nuestra mente y nuestro cuerpo. La fuente de donde mana y sale todo el legado que generamos en la vida. Hoy con la tecnología y estudios llevados a cabo por la neurociencia nos da a conocer detalles minúsculos que no se conocían.

Ramón y Cajal con su observar e investigar intuía muchas cosas que ahora se han revelado. Enigmas que ocurre en el cerebro y en nuestro cuerpo cuando nos paramos a observar el interior de nuestro propio ser.

Nuestro cerebro es como un barco, cuando se deja el timón suelto, el barco se va a la deriva, sin un rumbo, sin la dirección de un puerto que nos marcamos alcanzar. Eso es lo que pasa con nuestra mente cuando la dejamos sin control. ¿Dónde se va?

Mecanismos voluntarios de nuestra atención, reclaman con la voluntad donde quiero ir. Hay que poseer a la mente y no al revés. No es nada fácil el control, pero no imposible. La práctica, entrenamiento, educación a través de la meditación, se puede mejorar y aprender para manejar este timón de la mente.

Grandes meditadores la manejan, dedicando muchas horas al día, en constante y continuo ejercicio durante años llegan a ser grandes maestros zen. Aunque se pueden ver sorprendidos por la pérdida del control y concentración, cuando pierden la voluntad de la atención. Para que pueda mantener la atención y estar atento a las sensaciones que recibimos hay que focalizar la parte de la corteza prefrontal del cerebro. Ahí tiene que haber ondas alfa que nos permitan sostener la atención. Lo cual es muy reducida, tan solo un cinco por cien, y tiene poca capacidad. Cuando tenemos nuestra atención puesta en algo.

Entran en acción otras zonas del cerebro como la memoria, las sensaciones, el diálogo, llevando la atención a la parte de atrás del cerebro, arrastrando la parte prefrontal que se va detrás de la focalización de las otras zonas. Cuando esto ocurre, una forma de volver a la parte prefrontal es concentrarnos en la respiración, volviendo el foco a lo que queremos.

El ego seguirá intentando con otros pensamientos para volver a distraer nuestra atención. Tenemos que volver a mantener el control de lo que queremos y deseamos, siendo nosotros los que controlamos la situación y no la mente.

¿Cómo se aprende? Tan solo con la práctica. Se consigue practicando muchas veces. Cuando te das cuenta que te has distraído es volver a reorientar y focalizar el objetivo que deseas conseguir. La atención se lleva mucho más fácil al cuerpo que a los pensamientos. Focalizar una parte del cuerpo es más fácil que controlar los pensamientos. ¿No es lo mismo pensar que observar al que piensa? Al observar el bosque, estamos viendo un conjunto de árboles que cada uno actúa según sus posibilidades. Lo mismo nos ocurre con las personas. Cada persona tiene la libertad de elegir y decidir lo que piensa y observa. El libro del espejo del cerebro donde se encuentra la ínsula y la corteza singular, éstas reciben mucha información de las vísceras. Por lo que cuando hacemos actividades físicas de forma automática, nuestro cerebro sigue procesando la información, centrándose en los recursos cerebrales. Cuando estamos pensando y dando vueltas a algo, podemos hacer cosas en piloto automático, sin darnos cuenta que no somos conscientes de lo que hacemos. Hay que estar más conscientes, dándonos cuenta que en las actividades en ello piensa.

La neurociencia nos dice que hacemos las cosas estando consciente en otro sitio. A lo que se llama contacto retirado. Teniendo que controlar y ser conscientes de lo que hacemos. Tenemos que centrarnos en la voluntad de fijar nuestra atención y no que el cerebro nos lleve donde él quiere.

LOS HÁBITOS ESENCIALES DE LA VIDA

Con la meditación y la relajación descubrí que en mi interior estaba más relajado y mi cuerpo y mi mente actuaba de otra forma ante circunstancias y conflictos que se presentan en el transcurrir del día a día.

Al observar la vida de Jesús podemos percibir como en aquella época, más de dos mil años antes podía sacar ese conocimiento y sabiduría que poseía. Hoy día podemos tirar de biblioteca, medios digitales y otros medios para sacar ese conocimiento y sabiduría que enriquece nuestra capacidad de desarrollo. Si los aplicamos al pie de la letra cambiarán nuestra vida. El paso del tiempo no anula la efectividad al aplicarlo hoy día. Lo que ocurre que pensamos que el *best seller* más vendido del mundo con más de 2000 años de antigüedad y del cual se han desarrollado otros *best seller* creemos que hoy no son efectivos. Cuando sigue teniendo el mismo efecto si se aplica y se practica.

Distintas cualidades facilitan el camino:

1. Ser proactivo. Lo que sería equivalente a emprender, desarrollar, resolver. Propuesto por Viktor Frankl, un psiquiatra y neurólogo vienes, en su libro titulado "El hombre en busca de sentido" o también Stephen Richards Covey en su libro "Los siete hábitos de las personas eficientes". Tener una iniciativa y capacidad para resolver problemas que se intuyen que pueden aparecer, es anticiparse al momento, dando una solución futurista. Actitud de atender situaciones para evitar complicaciones. Por el contrario, cuando se toma **la reactividad**, dirige el barco en sentido contrario, con una actitud pasiva, siendo sujeto de circunstancias que dificultan y desbordan emocionalmente situaciones externas.

2. Visualizar, comenzar el proyecto en mente.

En todo principio hay un fin. Aunque el comenzar tiene que tener una idea clara del destino, con un buen proyecto de a dónde queremos ir, nos irá dando las pautas y pasos adecuados para llevar una dirección apropiada, sin perder la orientación, como comúnmente se llama: "saber dónde está el norte". Comenzar teniendo las ideas claras de lo que deseamos obtener, fijando los valores y metas del lugar que queremos alcanzar en la vida, partiendo de la libertad y responsabilidad para afrontar las circunstancias.

3. Establecer primacía, lo supremo, lo importante, es preferente.

Tomar lo primordial, llevándolo a la acción, marcando unas prioridades y un orden de preferencia en la decisión de actuar. Ese orden es fundamental hay cosas que pueden esperar. Los asuntos importantes hay que darles preferencia ante lo más secundario. Esto aumenta el nivel de satisfacción, dedicando el tiempo a actividades que te hacen feliz.

4. Pensar en ganar-ganar.

Así lo expresa Stephen Covey en uno de sus libros. Yo puedo ganar, y tú también. Es una actitud de la vida sin egoísmo, en la cual todos ganamos, fundamento para llevarnos bien con los demás. No solamente en la parte social. En la parte humana buscando la referencia de la mente y el corazón donde el equilibrio y los beneficios son mutuos nos dará unos resultados que todo nuestro cuerpo gana. Son acuerdos y soluciones que mutuamente benefician a cada una de nuestras partes del sistema humano donde todos forman parte de un mismo cuerpo, ciudad que se beneficia de la unión y el compartir con los demás, generando abundancia mutua. Abriendo el camino de la abundancia para ambas partes generando interacciones genuinas, creativas y sinergias.

5. Procurar entender y ser comprendido.

El escuchar a los demás, ver desde el punto de vista del otro. Escuchar a la otra parte sin interrumpir. Tenemos dos orejas y una boca para escuchar más tiempo y poder entender mejor. Predisposición de comprender para ser comprendido, realizando una escucha activa para realizar el esfuerzo de oír las palabras de la otra parte para entender sus ideas. Esencia del respeto con la escucha para conectar con una forma buena de comunicación, un aprendizaje constante y empatía. Importancia que nos lleva a colocarnos en lugar del otro, función de inteligencia con un cierto grado de madurez del propio ser. La escucha conlleva dos sentidos: Por un lado, escuchar lo que nos dicen; el otro es comprender lo que nos expresan. Esto sobrelleva a aprender de forma auditiva, visual y cenestésica desde el corazón.

6. Establecer reuniones.

Cuando la organización, unión, entendimiento están unidos genera una fuente de entendimiento y a la vez de crecimiento en el desarrollo de las cosas. Para ello hay que disponer de una visión compartida de la situación para conseguir el ideal. Unido a la planificación conjunta, tanto de la dirección como del cooperante que aporta el apoyo. Formando un trabajo en equipo en la complementación de funciones para optimizar deducciones, potenciando la creatividad, generar un ambiente armónico y de resultados.

7. Amoldar el serrucho.

Preservar a ti mismo, realzar y renovar el mantenimiento para poder mantener el funcionamiento de una forma efectiva en las distintas áreas de la vida: física, social, emocional, mental y espiritual. Para ello hay que trabajar regular y consistentemente, manteniendo esos esfuerzos periódicamente para tenerlos preparados en ambos sentidos, manteniendo el equilibrio. El intentar cortar el tronco sin parar, para afilar la sierra, es una gran pérdida de tiempo, al embotarse los dientes de la sierra y no cortar correctamente. Lo mismo ocurre con el cuerpo, cuando no se le cuida saludablemente, haciendo ejercicio, durmiendo bien, con una buena alimentación, buenas relaciones sociales y culturales, formando el cóctel del bienestar.

8. Actitud de actuar, sin procrastinar.

Teniendo el proyecto en mente, Hay que pasar a la acción sin dejarlo para mañana, siguiendo los pasos, normas y leyes que se nos marca en el caminar, sin desviarse del camino para no interrumpir el buen desarrollo. Todo necesita su tiempo, su maduración hasta llegar el gran manjar a la mesa. Que gran ejemplo nos da la naturaleza. Desde la floración deleitándonos con lo precioso que se encuentra el paisaje con esas flores que resaltan entre un espacio de campo, de donde se irá formando el pequeño fruto, que poco a poco irá creciendo hasta formar el fruto apetitoso que nos pondrán en la mesa para tener un bocado deleitable, sin dejar de procrastinar la llegada.

Jesús no leyó en su día a Viktor Frankl, Stephen Covey y otros por el estilo para desarrollar toda la sabiduría y conocimiento que nos dejó.

La meditación, relajación nos lleva a descubrir ciertas circunstancias de la vida.

La gestión del problema, rompe a veces los cálculos. Un gesto y proponerlo, consultarlo y comunicarlo a la inteligencia superior, llámese universo, Dios, éter, etc. Ponerlos en una mirada nueva y observar nos da la llegada de información del conflicto, problema o circunstancia por la que en momentos atravesamos. No se trata de rezar para que los problemas se solucionen, que está bien y ayuda. Hay que pasar a la acción. Es como el que está pidiendo que le toque la lotería. Un día, otro día, pidiendo lo mismo. Hasta que un día el Santo le preguntó: ¿Has comprado el billete? ¡No! Pues cómo quieres que te toque.

El proyecto, el deseo, el querer, no sirven de nada si no se pasa a la acción, ejecución que te llevará al éxito, a conseguir el objetivo, la meta.

El rezar nos lleva a estar relajados en una frecuencia cerebral de alfa. Desde ese nivel pedimos nuestro propósito y lo llevamos a cabo al jugar, implicarse para llevar a cabo lo que deseamos que suceda.

Por supuesto que hay que pedir, abrir ese canal de deseo, de propósito para llegar alcanzarlo, para encontrar la solución. La oración no nos promete la solución, sino un medio para ver otro camino de la solución de problema que es el tuyo.

El poder del enfoque de tu cerebro

Decía Albert Einstein: *que nuestro consciente es muy reducido, sin embargo, enfocado en un objetivo es muy poderoso. Cuando lo diversificamos perdemos ese poder.* El querer estar en muchos sitios a la vez hace que ese potencial se diversifica y nuestro poder se pierde, siendo muy importante estar y disfrutar el aquí y ahora, en cada momento.

El descubrimiento de la neurogénesis nos dio a conocer que las neuronas se reproducen a través del fortalecimiento del corte prefrontal y entrenamiento mental. Las redes neuronales se reproducen con la práctica. Ejercicios muy sencillos de realizar como la meditación y relajación para bajar la frecuencia cerebral ayudan a crear el día que tu deseas. Qué te gustaría tener. Cómo va a ser tu día. Piensa que mañana será otro día. Las franjas horarias más importantes para ese día, son: por la mañana al despertar y al acostarse, donde el inconsciente se abre, creando abundancia, paz y armonía. Poniendo intención, emoción, para experimentar el deseo, como expone Neville Goddard en el libro *La conciencia es la única realidad* por la noche utiliza la revisión nocturna.

Si algo no te salió bien cambia esa intención a través de tu intuición, como a ti te gustaría que fuera. El inconsciente no te juzga, tenemos que hacernos responsables de nuestros pensamientos. Cuando te sale mucho amor te saldrán todos los errores cometidos para que medites los hechos. Teniendo siempre gratitud con todo lo que se presenta. La neurociencia nos dice que se puede cambiar trabajando tu cerebro, educándolo, entrenándolo para dirigirlo como a ti te gustaría llevarlo. Entrenando nuestra mente.

La paciencia todo lo alcanza

"La calma apacienta las fieras", así debemos hacer con todo. Con calma, con paciencia se alcanza todo lo que esté a nuestro alcance para conseguir el objetivo deseado. Sin embargo, queremos lo de mañana para si puede ser hoy. Todo lleva su tiempo, hay semillas que salen en cuatro días, otras necesitan un mes, y otras necesitan siete años. Como es el caso del bambú.

Cuánta gente cuando observa y ve que las cosas tardan mucho en llegar, abandonan el proyecto sin saber que después del proyecto bien ejecutado, hay que pasar a la acción, a la siembra para que empiece a ejecutarse, a nacer. Antes de nacer hay que generar una base sólida, cimientos que sostengan, aguanten el proyecto. El bambú cuando se siembra, en lo oculto que no vemos en la tierra está naciendo, está creando esos cimientos, esas raíces que sostienen el crecimiento, tardando una media de siete años en crear esas raíces antes de ver el tallo la luz. Durante los siete años de inactividad, genera una trama de raíces que le permiten sostener el crecimiento que genera en seis semanas, llegando a crecer un metro por día, siendo la planta de más rápido crecimiento del planeta.

Con cualquier objetivo de la vida hay que trabajar el proyecto, el conocimiento, el aprendizaje para manejar el propósito. Cuando la intención está clara en mente se puede comenzar la acción de ejecución para alcanzar el objetivo con éxito. Todo a su tiempo, con calma y paciencia para poder conseguirlo. Recordando que las prisas no son buenas para nada. Tan solo siendo constante y persistente con paciencia todo se alcanza.

La personalidad del bien y del mal

Las dos caras que se encuentran en la misma moneda. Todo depende de lo que cada uno elija. En función de lo que elijas así lo vas a encontrar. No solo depende de tu elección, también va a contar con lo que nos vamos a encontrar en el camino. Piedras e impedimentos que harán que cambie el desarrollo del caminar.

Cuando nacemos llegamos en pura esencia al mundo, libre de cargas, obligaciones, responsabilidades que hacen crecer en un Edén de maravillas sin conflictos, miedos y adversidades que con el tiempo van a ir apareciendo, impuestos por la dependencia de nuestros progenitores, maestros y seres queridos que impondrán las normas que tenemos que respetar para convivir socialmente. A esto se añadirán los pensamientos que nos impondrá nuestro ego, con la necesidad de elegir lo mejor para nosotros o entrar en el rol que nos conducirá en momentos por caminos derroteros que salgan fuera del camino elegido. Entrando en los dilemas, dificultades y barreras con inconvenientes de desarrollo en el caminar de la vida. Todas esas dificultades de desarrollo son mecanismos de supervivencia que hay que sortear para poder avanzar en ir dirección a nuestro objetivo.

Toda una formación de personalidad donde los siete primeros años son esenciales en el desarrollo, donde debe estar lleno de amor, compasión, entendimiento, sin ser el niño/a consentido donde todo es válido. A medida que vamos creciendo nuestra esencia irá quedando encubierta de ciertas capas de falta de entendimiento, vacíos que nos alejan. Dolores de incomprensión. Adicciones que cubren y despistan la esencia perdiendo el bienestar de ir por el camino correcto. Aparecen las tentaciones inducidas por el ego para despistar aún más la esencia de la vida. Tentaciones que nos ponen entre una encrucijada que nos hace entrar a un rol del precipicio. Otras veces serán decisiones que nos harán despertar para desarrollar las preferencias que más nos conviene, entrando en el camino correcto para desarrollar la voluntad de crecimiento y desarrollo. Diversas fuentes de información donde debemos servirnos del manantial de agua clara, para dejar atrás el agua barrosa sin que nos pueda arrastrar por arroyos puntuales que nos sacan de la buena pista de crecimiento.

LA VOLUNTAD

No es un trabajo fácil, con la voluntad bien arraigada, se puede conseguir. "Lo que dura, perdura"

Llevando tres pasos a cabo:

1º Tener un profundo deseo de hacer.

Cuando uno piensa, le da vueltas y vueltas, lo tiene todo muy claro, mentalmente lo vive y lo comenta como si lo hubiera conseguido. Se queda en la puerta sin pasar a la acción. El profundo deseo de hacer se queda en una frustración por no llegar al hacer. Un proyecto muy bonito que se queda en la nube, sin llegar a ejecutar para poder disfrutar por la falta del hacer.

2º Hacerlo lo mejor posible con amor disfrutando y unido a la creencia. "Lo que crees, creas"

Estar convencido de que tú puedes conseguirlo, tener la ilusión de llevarlo a cabo, practicando y trabajando en ello. Dará su fruto.

3º Tener una expectativa optimista confiando en tu energía, y apoyado por las manos de la mente universal.

El pensar "no puedo" es cerrar la puerta y el camino del buen desarrollo. Cuando abrimos el optimismo con el "yo puedo" estamos dejando la puerta abierta a la infinidad de posibilidades que nos va aportar la mente universal.

Tercera Parte

LA REFLEXIÓN

Retiro de 40 días en el desierto

1.- Todo tiene su principio y un fin.

Son las dos caras de la moneda que en plena libertad todos podemos elegir lo que más nos convenga.

Platón decía: *"Empecemos por la parte más importante".* *"EL HACER"* Para que algo pase tiene que empezar hacerse, iniciarse, echar andar.

Confucio ya lo había expresado con anterioridad. *"El hombre no es sabio por lo que sabe o dice. El hombre es sabio por lo que hace"* Con estas formas hay que comenzar por un principio que en el camino se irá desarrollando para alcanzar el objetivo. Recorrido donde encontrarás la felicidad. Momentos del día donde se comienza con gran energía para cumplir ideas, propósitos que pueden ir y venir, dudando como mejor realizarlo para cumplir con los deseos infundados que llegarán a ser realidad cuando se pase a la acción del hacer.

2.- Eficacia en el retiro.

Aunque el retiro lo interpretemos como unas vacaciones. Es un tiempo de cambio. No para tumbarse en el sofá y no salir. Sino para disfrutar de otra manera distinta, de nuevos aires, nuevas experiencias y sensaciones que van apareciendo en el sentimiento de nuestra mente y nuestro corazón. Disfrutando donde quiera que uno este, *"del aquí y ahora"*. Cambiar la rutina, olvidar todo tipo de problemas. Sin intentar cambiar a nadie, viendo, observando y cambiando uno mismo, podemos alcanzar de ver el objetivo de cambiar el entorno. Sin darnos cuenta que el cambio no está fuera, sino en nuestro interior, donde al renovar las ideas, crear nuevas ilusiones y alegrías, nacerá esa energía que malgasta nuestro enemigo, siendo el carburante necesario para ver las cosas con más optimismo y más positividad.

Donde el corazón se alegra y el entorno mucho más. Donde la gran ciudad de nuestras personitas nos regala el gran intelecto que permite adquirir nuestro conocimiento. Personitas "células" que habitan y circulan por nuestro interior dando vida a nuestro ser. Entidad viva que nos sorprende con verdaderas sensaciones, saboreando las distintas experiencias de amor, odio o circunstancias que nos implican en el desarrollo del conocimiento de nuestro ser. Estando atentos para aprender del conocimiento de la prudencia. Don y preceptos que no debemos abandonar. Al observar, vivir y adquirir sabiduría, alcanzar con prudencia los pasos de cada día, vivirás con una paz inmensurable en tu interior. Sin abandonar la sabiduría, cultivándola en cada momento, será tu protectora. El trabajo, esfuerzos que te exigirá el avatar de cada día para alcanzarla. Cuando llegues a conseguirlo será el adorno más preciado que puedes llevar sobre tu cabeza, dando esa luz que ilumina la penumbra de la noche. Teniendo esa gran estrella que te ilumina cada día. Siendo adicto a mantenerla y cultivarla, te guardara de tropiezos y caminos erróneos que te despisten de la buena calzada. Camino con un asfalto firme que te conducirá por anchas veredas, llenas de justas y brillantes batallas que te dejaran un gran sabor de boca y buena satisfacción.

Al final te irás dando cuenta que caminar con justicia y honestidad es tener tu conciencia tranquila y en paz. Siendo vida para los que lo consiguen y, salud para los que la hayan. Llevando contigo la prudencia, sensatez e inteligencia, sin perderla de vista, caminar por la senda con firmeza te encontrarás encantado de haber descubierto el camino correcto para alcanzar el feliz viaje.

3.- Comienza el día con buena actitud.

Cuando uno comienza el día con pensamientos positivos que llenan sentimientos de ilusiones, aparecen emociones que inundan lagunas del corazón que hacen recapacitar para resucitar y no decaer en el caminar. Fortalezas que nos hacen ser mejores. El crecimiento de cada día nos enseña para hacernos más fuertes, mejor con nosotros mismos y con los demás. La hoja de la ruta diversifica el avance en conocimiento, experiencia de la escuela de la vida, dejando estrategias e impulsos que desarrollan una continua expansión que transforman los distintos canales que os permiten mejorar los márgenes de nuestro caminar. Consiste solo en proponérselo y mirar hacia adelante. Como decía Antonio Machado: Caminante no hay camino, se hace camino al andar.

La mirada dice mucho. Aunque no se pueda cambiar la dirección del viento, si podemos ajustar las velas para llegar siempre al destino. Lo esencial es invisible a los ojos. La mirada dulce y cariñosa hacen ver las necesidades de otras personas que con paciencia, aceptación y cariño recogen el amor de ese mirar, esperando encontrar salidas a esa soledad y abandono que las encapsula entre esas paredes. Donde todos ven lo que tu aparentas y pocos advierten lo que eres.

4.- La oscuridad de nuestros rincones.

Cuando en nuestro interior lo labramos, todo queda más oxigenado y fértil para que germine buena vida. Por circunstancias a menudo en nuestro cuerpo hay pequeños rincones sin cultivar, donde se encierran secretos, zonas donde no llega la luz. Con el paso del tiempo se vuelve inaccesible, lleno de maleza que se alberga produciendo desequilibrios que no dejan pasar la información a otros vasos comunicantes para permitir dar vida. Son accesos prohibidos que delimitan el tránsito y transformación para un nuevo renacer vivencial.

Puede ser resignación, envidia, celos, pereza, orgullo. Viejos remordimientos o amargos resentimientos que no dejan renacer el crecimiento de una vida en paz.

Limpia los rincones de la oscuridad y da brillo y luz a tu vida para vivir con felicidad. En esos rincones donde prevalece la ausencia de la luz, la carencia de la iluminación. Por la consecuencia de actos en los que nos agarramos a un clavo ardiendo, llevando o sin llevar razón, cerrando las puertas para no dejar entrar ese pequeño haz de luz cargado de la fuente de amor que rompe y destruye toda adversidad de sombra que está instalada, obstaculiza y oculta lo que reside en la arboleda de los distintos órganos internos. Sin dejar espacio para ver el fondo de ese bosque tan precioso que da vida e ilumina una conciencia que, al estar libre de todas las emociones y enojos, sería el surtidor de la gran fuente de luz y vida.

Todo por mantener un estado negativo de nuestra personalidad incrustado en la conciencia que mantiene oculto y no desaparece, acechando la mayor parte del tiempo y manifestándose ante cualquier altercado molesto o situación conflictiva de otras personas. Tan solo por no observar las distintas situaciones, sin entrar al rol de lo que otros provocan para tener la confrontación. Sin darnos cuenta que tenemos la oportunidad de reflexionar ante la situación. Que más que fuera, hay que ver dentro en nuestro interior. Para identificar el gran viaje de la vida que nos pertenece que va desde la cabeza al corazón. Encontrando las dificultades que nos facilitan el viaje al abrir nuestra puerta del corazón para valorar y conocernos mejor.

5.- El que escaso siembra, escaso cosecha.

El que siembra con largueza, con largueza cosechará. Según hagamos las cosas, seremos correspondidos. Al hacer las cosas con amor, estamos entregando amor, sintiéndose muy beneficiado el que lo recibe, y más el que lo da. Si lo hacemos de mala gana, el primero en recibir el enojo somos nosotros, sufriendo en nuestro sistema inmunológico cambios celulares y hormonales que son contraproducentes para nuestro propio sistema. Es necesario poner en todo ilusión, amor y alegría, quedando en nuestro interior gran satisfacción y la conciencia en paz. La justicia permanece y los frutos se acrecentarán, siendo de gran riqueza personal.

No cuesta nada hacer feliz a los demás. Sin embargo, hacemos lo contrario, donde el sufrimiento lo llevamos nosotros al ser los que lo estamos dando y salir de nuestra propia fuente. Cuando dejamos la semilla en el granero sin dar la posibilidad que nazca y de, buena cosecha. No podremos recoger lo que no hemos sembrado.

La escasez en ocasiones no es porque no hay. Sino por la voluntad, deseo y motivación con la que hacemos las cosas.

Satisfacer muchas necesidades con pocos recursos, nos obliga a elegir mejor las formas. La escasez del recurso es la necesidad de elegir la forma para aportar unas mejores necesidades para que ambas partes la disfruten.

6.- Atrévete a levantar tu mirada.

Mira el presente, con vistas al futuro. Disfrutar del momento presente es labrar el futuro en repleta creación. Busca tus objetivos con plena seguridad. No te importen lo lejos que están, o lo difícil que puedan ser. Él no, lo tienes, busca el Sí, con ilusión, amor, decisión y mucha voluntad, unido a una gran motivación. Nunca dejes de intentarlo. Todos los caminos tienen obstáculos que dificultan el caminar. En ocasiones tendrás que dar un paso atrás, retroceder y volver a empezar. Eso te dará más conocimiento y experiencia para adelantar lo perdido. Al faltar la sabiduría y conocimiento no se avanza, para lo cual hay que prepararse, adquirirlo para poder navegar. Cada logro lo verás con más optimismo. No te abandones, mira tus objetivos.

No esperes que alguien lo haga por ti. El conseguirlo te dará grandes satisfacciones. Tú puedes, tú sabes y tú quieres. Levanta tu mirada para llenar el presente y disfrutar de esa valía que tan solo yace en tu interior.

7.- Otras formas de navegar.

La vida es como el mar. Tú naciste de la unión de dos banales células, invisibles al ojo humano. La unión fue creciendo y hoy eres tan grande, impensable e inimaginable que no se podría creer. Sin embargo, ha sido posible y ahí está la demostración. Al mar le ocurre lo mismo. Es la unión de muchas gotas. Una gota es insignificante. Observa lo insignificante, lo que puede crecer, crear y dar a este universo. Algo vivo que cambia y pasa por distintos estados. Baja y sube la marea, se queda sereno o aparecen tempestades.

Así nuestros días pasan por distintas experiencias. Siendo la mejor forma de afrontar todo con una actitud optimista y de aceptación, sin perder la calma y controlando el barco para que no se vaya a la deriva. Tener serenidad, relativiza. El infortunio y las condiciones negativas que el torbellino nos arrastra a los peores presagios. Donde se puede ver lo que puede ser mejor para cada uno. Donde el optimismo genera otras visiones, soluciones y capacidades para aceptar las circunstancias viendo los hechos desde otros ángulos, con otros colores, con otras formas de navegar y contrarrestar las olas tan embravecidas, dando la capacidad de llevar la barca por un mar que vuelve a la calma. Cada día se puede navegar con tranquilidad y sosiego, encontrando la paz.

8.- El caminar de los pensamientos.

Constantemente los pensamientos condicionan nuestras relaciones, con los habitantes internos y los de nuestro entorno. Las condiciones visibles son siempre los actos de los pensamientos invisibles. Los pensamientos positivos nos pueden sorprender y hacer cambiar todo en la vida para mejorarla. De lo contrario los pensamientos negativos nos llevan al pozo sin fondo.

Caminar con buenos pensamientos y entendimiento nos dará buenas noticias y hará más fácil nuestro caminar. Tanto los triunfadores como los perdedores no se hacen de un día para otro, sino después de años de constancia...

La vida es el resultado personal, la suma de los hacer aquí y allá con nuestro patrimonio psicológico. Términos y procesos cognitivos que hacen referencia a artes mentales, voluntarios o involuntarios mediante el cual el individuo desarrolla sus ideas acerca del entorno, de los demás o de uno mismo. Ideas, recuerdos y creencias en movimiento, relacionándose entre sí.

Dentro de los pensamientos podemos diferenciar:

Pensamientos convergentes. Usando parámetros ya conocidos para interpretar la realidad, buscando una lógica a partir de la cual comprender el foco de estudio.

Pensamientos divergentes. Usa una interpretación creativa de la realidad. Encontrando nuevas fórmulas para analizar el problema que se está enquistando.

Pensamiento lateral. Utiliza un nuevo patrón para hacerlo. Permite acercarse a la realidad desde otro punto de vista, con la intención de encontrar nuevas interpretaciones.

Los pensamientos son productos que elabora la mente, voluntariamente a partir de una orden voluntaria racional, o involuntariamente a través de un estímulo externo.

Hay distintos tipos de pensamientos, según los modos y tipos de operación mental que requiera la actividad.

- **Pensamiento inductivo**. Se apoya en una particularidad y a partir de ahí la extrapola y la transforma en una generalidad. Comparando que, si es cierto en algunas ocasiones, lo será cierto en otras similares.

- **Pensamiento deductivo**. Parte de una generalidad y la aplica a cada particularidad.

- **Pensamiento interrogativo**. Cuando uno tiene una inquietud.

- **Pensamiento creativo**. Está abierto a la producción de cosas nuevas, fuente de toda realización artística.

- **Pensamiento analítico**. Categoriza las ideas, mientras el sistémico es el que las interrelaciona.

- **Pensamiento crítico**. Es capaz de evaluar el paradigma con el que se fundan los pensamientos, forma en que se desenvuelve el conocimiento.

Aunque todas las ciencias que se conocen están relacionadas y existen a partir del pensamiento, algunas se dedican en particular a estudiarlo.

1. La filosofía.
2. La lógica.
3. La psicología.
4. La psiquiatría.

El instinto con el que actúan los animales, pero también las personas, es considerado pensamiento. Aunque el ser humano es el único que posee la capacidad de razonar. No es el único que puede pensar, ya que los animales tienen cerebro y pueden pensar. La diferencia con las personas radica en que no poseen la capacidad de encontrar las causas ni las consecuencias de sus comportamientos.

9.- Por una vida ejemplar.

La vida personal es la que cada uno lleva hacia adelante, luchando con las inclemencias, dificultades y avatares. En momentos se hace costoso, intransitable y difícil. Ante todas las adversidades es preciso tener un modelo definido, lleno de sentido. La existencia precede a la esencia. De lo contrario nos encontraremos con vidas vacías, sin rumbo y desorientadas. Qué bonito es ver vidas llenas de fuerza, pletóricas, con un sentido profundo, con vientos diversos, llenos de propósitos que mantienen, siguen y dirigen sus principios.

10.- La cara es el espejo del alma.

Dicho de Cicerón, *en el que los ojos son delatores de actos y expresiones faciales que reflejan las emociones del individuo, en el que muchas veces realiza movimientos de músculos de manera involuntaria fácilmente identificable.* Como pueden ser las emociones de la alegría, ira, miedo, tristeza, sorpresa y asco.

Aunque no es lo mismo el espejo, que el reflejo. Ni es lo mismo ser que parecer.

En muchas ocasiones juzgamos sin saber y valoramos sin conocer. Hay que aprender a mirar donde ya miraste y tratar de ver lo que aún no viste. Pues muchos son los que miran y pocos los que ven.

¿Por qué el dicho de "la cara es el espejo del alma"? en el rostro se refleja el estado de ánimo, carácter, salud y semblante que esconde el interior de la persona. Es un reflejo de su estructura y líneas de la historia personal, actitudes mentales, personalidad extrovertida o introvertida.

En el libro de proverbios 27:19 dice: *El espejo refleja el rostro; y los ojos reflejan la personalidad.*

¿Qué dice tu rostro de ti?

Una cara redonda es vista como sinónimo de iniciativa, una cara ovalada indica imaginación y creatividad, una cara cuadrada es reflejo de optimismo, una cara rectangular muestra confianza, y una cara triangular es percibida como una persona intuitiva.

11.- Belleza del paisaje.

La mitad de la belleza depende del paisaje, la otra mitad de la persona que lo mira.

La belleza del paisaje que tan poco valoramos. Apartados del bullicio, el runrún, claxon, contaminación. Donde se está inmerso entre la naturaleza, y al lado de una playa, con el ronroneo de las olas, en ese volver a vivir el resplandor de un mar en calma y en paz, un resurgir y regresar al nacer. Donde atrás quedó el recuerdo y turbulentos acontecimientos del pasado. Pareciendo estar flotando en el eterno océano del silencio, inmóvil y sereno. Donde todo oleaje de vida, luz y cambio nos incita con más fuerza a desear amor, paz, felicidad, para seguir explorando este mundo.

Lo mismo ocurre con nuestro cuerpo. La mitad depende de la naturaleza, la otra mitad depende de nosotros como lo tratemos.

Quiérelo cuando menos lo merezca, porque será cuando más lo necesite.

12.- Esferas desconocidas.

Lugares desconocidos hacen a uno descubrir y observar infinidad de un torrente de ideas que fluyen de ese gran manantial de la naturaleza. Donde el proceso de maduración crece de una forma continuada y gradual ascensión intelectual, llena de sombras sensibles y luces con ideas puras. Esa es la esencia del amor que reside en el bien y la belleza. Es un banquete que se esfuerza en cada uno por demostrar el amor perfecto de manifestar el deseo del bien. Ese amor rico y pobre, con las distintas oscilaciones del poseer y no poseer, tener o no tener, ser o no ser. Donde asciende y desciende en un instante. Donde el conocimiento y sabiduría nacen del amor y la belleza que en cada lugar nos vamos encontrando. Si estamos estáticos la monotonía cansa y aburre. Por eso Aristóteles impartía sus clases y lecciones paseando. Sus periféricos iluminaban y daban luz a sus ideas.

13.- Testimonios que dan luz.

Revelaciones que chocan y se dan por pérdidas sin comprender.

Voy a exponer una carta que me sorprendió. Es la carta de Einstein a su hija Lieserl.

Mi querida hija:

Cuando propuse la teoría de la Relatividad muy pocos me entendieron, y lo que te revelaré ahora para que lo transmitas a la humanidad también chocará con la incomprensión y los perjuicios del mundo. Te pido aun así que la custodies todo el tiempo que sea necesario, años, décadas, hasta que la sociedad haya avanzado lo suficiente para acoger lo que te explico a continuación.

Hay una fuerza extremadamente poderosa para la que hasta ahora la ciencia no ha encontrado una explicación normal. Es una fuerza que incluye y gobierna a todas las otras, y que incluso está detrás de cualquier fenómeno que opera en el universo y aún no haya sido identificado por nosotros. Esta fuerza universal es el amor.

Cuando los científicos buscaban una teoría unificada del universo olvidaron la más invisible y poderosa de las fuerzas.

El amor es luz, dado que ilumina a quien lo da y lo recibe. El amor es gravedad, porque hace que unas personas se sientan atraídas por otras. El amor es potencia, porque multiplica lo mejor que tenemos, y permite que la humanidad no se extinga en su ciego egoísmo. El amor revela y desvela. Por amor se vive y se muere. El amor es Dios y Dios es amor.

Esta fuerza lo explica todo y da sentido a la vida en mayúsculas a la vida. Ésta es la variable que hemos obviado durante demasiado tiempo, tal vez porque el amor nos da miedo, ya que es la única energía del universo que el ser humano no ha aprendido a manejar a su antojo.

Para dar visibilidad al amor he hecho una simple sustitución en mi ecuación más celebre. Si en lugar de E=mc2 aceptamos que la energía para sanar el mundo puede obtenerse a través del amor multiplicado por la velocidad de la luz al cuadrado, llegaremos a la conclusión de que el amor es la fuerza más poderosa que existe porque no tiene límites.

Tras el fracaso en la humanidad en el uso y control de las otras fuerzas del universo, que se han vuelto contra nosotros, es urgente que nos alimentemos de otra clase de energía. Si queremos que nuestra especie sobreviva, si nos proponemos encontrar un sentido a la vida, si queremos salvar al mundo y cada ser sintiente que en él habita, el amor es la única y la última respuesta.

Quizás aún no estemos preparados para fabricar una bomba de amor, un artefacto lo bastante potente para destruir todo el odio, el egoísmo y la avaricia que asolan el planeta. Sin embargo, cada individuo lleva en su interior un pequeño pero poderoso generador de amor cuya energía espera ser liberada.

Cuando aprendamos a dar y recibir esta energía universal, querida Lieserl, comprobaremos que el amor todo lo vence, todo lo trasciende y todo lo puede, porque el amor es la quinta esencia de la vida.

Lamento profundamente no haberte sabido expresar lo que alberga mi corazón, que ha latido silenciosamente por ti toda mi vida. Tal vez sea demasiado tarde para pedir perdón, pero como el tiempo es relativo, necesito decirte que te quiero y que gracias a ti he llegado a la última respuesta.

Tu padre,
(Albert Einstein)

14.- La capacidad y comparación.

El humanismo, la sencillez y la humildad convierten el ideal en un método, forma y caracteres que invaden y hacen florecer con solidez la fecundidad de la vida, en la que se engendra por amor. En ocasiones un amor pobre delicado, bello, valeroso, resuelto, diligente y temible. Deseoso de comprender y poseer recursos, durante toda la vida, aspira a saber comprender, donde en un instante florece y vive, sintiéndose inmortal con la abundancia de recursos que nos hace resurgir. Cuando llega el momento, el fin. Sin saber cómo pasando el duelo revive en medio de la naturaleza con su sabiduría e ignorancia siendo bello, bueno y sensato, deseando todo lo que quiere ser, mirando más hacia dentro que hacia fuera, brotando esa parte emocional.

15.- La constancia lo consigue todo.

Sabiendo estar preparado en el camino tanto para ganar, como para perder. Ambos caminos pueden aparecer. Si aparece el fracaso lo único que nos salva es la constancia y fortaleza de persistir y seguir fiel al objetivo de conseguirlo.

Como decía el poeta mejicano Amado Nervo en uno de sus poemas:

Lo que no logres hoy, quizá mañana lo lograrás.
No es tiempo todavía.
Nunca en el breve término de un día
madura el trigo ni la espiga grana.
No son jamás en la labor humana
Vano el afán ni inútil la porfía.

El que con fe y valor lucha y confía,
Los mayores obstáculos allanan.
Hasta la estéril y deforme roca
es manantial cuando Moisés la toca
y estatua cuando Fidias la golpea.

Nadie sabe si es digno de amor o de odio. Solo depende de con que conciencia ejecutes las cosas. Los verdaderos bienes son invisibles y eternos. A ellos son a los que debemos aspirar, sin pensar lo que los demás hagan o digan, siempre que estén realizados con una conciencia positiva para nosotros y el bien de los demás. Desechar los pensamientos inútiles y negativos para dar cabida y mantener una actitud positiva, nos ayudará a culminar nuestras metas y objetivos con gran satisfacción.

Todas estas cosas me llevaron a cultivarla en mi corazón. Observando que cuando lo hacía con amor, disfrutando, compartiendo con la otra parte que se presentaba. Veía, sentía que mi cuerpo y mi sistema inmunológico se sentía en perfecto estado de salud, encontrando mi cuerpo con una energía que fluía con una ilusión que nada de lo que se presentaba era impedimento y barrera para mi inteligencia y sabiduría, independientemente que comprobara que la otra parte se estaba aprovechando de mi voluntad y buen hacer para un enriquecimiento egoísta que estaban realizando.

Donde en el transcurrir del tiempo veía que esa ansiedad, egoísmo y envidia estaban originando en la otra parte cosas, enfermedades, circunstancias que le hacían recapacitar para retroceder y volver a empezar. Sin darse cuenta que el tiempo pasa y se termina, llegando a la etapa final donde no se lleva nada al quedar aquí todo para el siguiente.

Algo que se reserva incierto para lo venidero, al que se sacrifica víctima y al que no valora el sacrificio. Así es tratado el inocente como el aprovechado. Al que dice la verdad, como al que miente. Estando todos sujetos a los mismos azares. Sin analizar que la llegada que todo ser vivo tiene que morir. Por lo que el amor, el odio, las envidias, todo lo que realices de forma deshonesta acabará en el momento que llegue tu día, sin llevarte nada agradable, nada más que el dolor que hayas podido sembrar en esta tierra y bajo el sol.

Mientras que, si andas por la vida con alegría, respeto, disfrutando del aquí y ahora con un crear agradable, encontrarás placeres saludables. Disfrutando de la compañía de tus seres queridos y allegados del entorno. Todo cuanto pudieras hacer de bueno, hazlo sin perder el tiempo. Puesto que ni obra, pensamiento, sabiduría, ni ciencia te apartarán del sepulcro, hacia el cual vas corriendo.

16.- Movimiento y asentamiento afectivo.

El deseo, creencia, expectativa, la persecución del bien para todos y de todo, no es otra cosa que amor. Es un hecho que aporta la máxima felicidad. Cuando se hace un solo ser de dos o curar la naturaleza humana, es el verdadero amor.

Aunque la interpretación de amor lo acogen a los sentimientos de hombre-mujer. Es solo un amor a la belleza corporal. Hay que descubrir muchos y variados tipos de amores, con distintos elementos y matices que satisface y descubren alegría, gozo, ilusión de ir hacia ese sentir y satisfacer un bien general, entrar en la ley universal. Un amor que nos vacía de hostilidad y nos llena de familiaridad. Hay pocas cosas tan grandes como el amor, digno de ser contemplado con delicadeza por los distintos paisajes afectivos de la historia, todo un lujo de añoranzas que ennoblece, consuela, motiva y empuja a salvar las desdichas e infortunios arrastrando con fuerza hacia lo mejor.

17.- Comprensión de la realidad objetiva.

La verdad, el amor de lo que es. Hay que tomar conciencia de que la realidad subjetiva que nosotros creamos con nuestros pensamientos, construyendo con ese mundo imaginativo, superfluo, e irreal de un mundo interpretativo a la carta según nos parece formando la realidad subjetiva, es muy distinta a la realidad verdadera.

El sentir del mundo interno nos lleva por caminos, derroteros que generan sufrimiento en nuestro mundo interno, esclavizado por el mundo subjetivo, lleno de creencias, barreras limitantes que nos atrapan fuera de la realidad. Entrando en un rol en ocasiones inducidos por el ego que nos conduce a caminos perdidos, viendo caminos muy distintos de la realidad, de la verdad. Donde un estímulo dirigido a una sociedad, conduce a interpretaciones y persuasiones muy distintos en cada persona. Siendo nuestra forma de pensar contraproducente con la realidad objetiva de lo que vemos y percibimos. La verdad es real a todos, no hay excepciones, no está fácil para algunos, sino para todos, borrando ese velo de ignorancia para ver la verdadera realidad de lo que visual, auditiva y cenestésicamente percibimos. Deshacer la interpretación subjetiva para ver objetivamente la lección de cada suceso que acontece para entrar en un sentir real y verdadero.

18.- Las codicias y avaricias.
Nos hacen perder el control, perdiendo la vida. El papa Francisco en un comentario dijo: *Nunca he visto un camión de mudanzas detrás de un cortejo fúnebre.*

El mayor tesoro que nos llevamos, es lo que hemos dado en el caminar de nuestra misión. Aprovecha el tiempo, disfruta cada instante. Saca el producto, recoge el fruto de cada día. Cosecha ciclo a ciclo cada momento. Aprovecha el tiempo para hacer el bien. Cuando haces algo bueno para ti, también lo estás haciendo para tu entorno. Hacer que la vida sea extraordinaria, es hacer de los días ordinarios algo extraordinario.

19.- El caminar de cada día.
Requiere energía, control de movimiento y exige el trabajo de múltiples órganos, como el corazón, los pulmones, el sistema circulatorio, nervioso y músculo esquelético. La velocidad de la marcha, señalan, podrían estar reflejando problemas que no han sido detectados.

La clave frente agresiones, estamos en constante lucha contra un sinfín de amenazas, algunas son externas, como el clima, la radiación, la falta de nutrientes o los predadores. Otras internas, como los inevitables fallos que se producen por el azar en el funcionamiento de nuestra propia maquinaria molecular, cada vez que una célula se replica, se intro-

ducen errores en el proceso de duplicación del ADN. Algo
que el desgaste de nuestra propia maquinaria con el tiempo
lo va acusando. La compostura en el tiempo puede regular
las emociones del querer y no poder, donde la elasticidad, la
vitalidad va mermando, manteniendo el gran conocimiento
y sabiduría acumulada que dan distintas formas de la interpretación. Creciendo con una calma y control que en la
juventud no se tenía. Se pierden cosas para ganar otras.

20.- ¿Dónde está el desierto?

Donde hay desierto hay soledad, nos perdemos, nos que-
damos solos. Donde hay que ponerse a trazar y preparar caminos para poder reencontrarnos con nosotros mismos y con
las personas, de una manera profunda y satisfactoria, menos
disfrazada y más sincera. Al encontrarnos en el desierto la
vida se vuelve difícil. La vida es desierto y oasis. Nos derriba,
nos lastima, nos enseña, nos convierte en protagonistas de
nuestra propia historia. Aunque el viento sople en contra.
La poderosa obra de la vida continua. No dejes nunca de
soñar. No caigas en el peor de los errores: "el silencio". Será
necesario que hagamos algunas obras de ingeniería, para que
nuestra vida no se angoste y sea fecunda, genere vida alrededor, encuentros, brotes en el viejo tronco, ilusiones, proyectos. Multitud de ideas que hacen valorar la belleza en las
cosas simples, sin necesidad de remar en contra de nosotros
mismos, y transformar la vida en un infierno, lleno de pánico que provoca tener la vida por delante. Cuando la puedes
vivir intensamente, sin mediocridad. Encarando el camino
del futuro con orgullo y sin miedo.

En el desierto es facilísimo perderse. En tales circunstancias no sabemos por dónde tirar, qué decidir, con quién contar, y nunca es buena idea caminar dando tumbos, gastando las pocas fuerzas inútilmente. Habrá que marcarse alguna ruta, seleccionar algunos objetivos a nuestro alcance, preguntar, pensar con calma. Hay que aprender de quienes puedan ensenarte. Experiencias de quienes nos precedieron nos ayudara a caminar por la vida, sin permitir que la vida nos pase sin poder vivirla.

En el desierto abundan los espejismos. Esos lugares maravillosos que parece que tiene todo lo que nuestra infinita sed necesita. ¿Pero que son esos espejismos? engaños que nos dejaran vacíos, agotados, cabreados, sin ganas, sin esperanza. A veces los espejismos nos los ofrecen desde fuera, con tantos vendedores de humo que nos rodean, y otros nos autoengañamos y saboteamos, sin saber discernir el camino. Para ello hay que realizar cambios. Hay que encontrar un espacio y un tiempo para ver lo que hay que preparar, como tiene que prepararse para que ese desierto deje de serlo, para salir de él, para encontrar el verdadero camino de nuestra vida. Hacer una limpieza a fondo, echando fuera tantos trastos acumulados, intentando poner orden, deshaciendo lo que nos estorba y no nos deja sentirnos a gusto con nosotros mismos. Cambiar o suprimir hábitos, actitudes, manías, personas toxicas que nos roban las energías, sin aportar nada. Es conveniente revisar nuestra agenda para encontrar la dirección acertada y la persona adecuada para conversar. Escuchando más y hablando menos para encontrar esa parte que rompe la soledad y ambienta la amistad verdadera.

21.- La aceptación.

Es la mejor actitud a tomar para evitar sufrimiento ante cualquier adversidad o circunstancias. Tan solo hay que gestionar el estrés, para poder soltar con total libertad, saliendo y desahogando la adversidad. Aceptando las circunstancias. La forma mejor para superar la situación es entrando en una relajación, con respiraciones profundas y realizando una meditación. Gestionado con una actitud proactiva para mantener una buena gestión emocional. Tener la perspectiva de solucionar los problemas de uno en uno. Generando una creatividad constructiva en el plan de acción más adecuado, con alternativas y opciones en la solución de circunstancias para que el ser se sienta lo mejor posible, compostura en regular las emociones, tomando un momento para respirar profundamente. Es una interpretación de la resiliencia en el proceso de adaptarse bien a la adversidad, trauma, tragedia, amenaza o fuentes de tensión significativas. Una fuente importante puede ser el humor, donde reírse de los propios problemas, puede ayudarnos a solucionarlos.

Pueden ser sesiones de aprendizaje para desarrollar mejores capacidades del sentido de visión con propósitos y metas que sean congruentes y alcanzables para poder realizarse. Misión que nos lleva a adquirir y alcanzar objetivos, curtiéndonos a la vez de valores importantes que serán el fiel reflejo de nuestra propia personalidad. Siempre desde la compostura con mucha calma y control de la resolución de las distintas emociones. En ocasiones con la ayuda, apoyo en cualquier contexto social, para mantener una buena tenacidad, acompañada de una perseverancia constante, con capacidad de recuperación y lleno de un optimismo realista.

Alguno pensará, eso todo son sueños. Bueno. Los sueños existen. Por lo que no dejes que termine el día sin haber crecido un poco, sin haber sido feliz, y sin haber aumentado tus sueños. Independientemente de que el desaliento se sobreponga. No te dejes vencer. No abandones la ilusión de hacer de tu vida algo extraordinario. Porque en el caminar encontrarás las dos caras. La vida es desierto y oasis, nos derriba, nos lastima, nos enseña, nos convierte en protagonistas de nuestra propia historia.

Aunque el viento sople en contra, la poderosa vida continúa.

Tú puedes aportar muchas cosas.

No dejes de soñar porque en sueños tú eres libre.

La vida te corta las alas y te poda las raíces, hasta que no necesitas ni alas ni raíces, sino desaparecer en las formas y volar desde el ser.

Como dijo Viktor Frankl:

El hombre que se levanta es aún más fuerte que el que no se ha caído.

22.- Aprender y practicar.

Actividades que son imprescindibles, la una va acompañada de la otra, independientes no pueden funcionar. Es necesario aprender para después desarrollar y practicar. Sin aprendizaje y conocimiento no se puede practicar. Tampoco no se puede practicar si no se ha aprendido. No cierres tu día sin practicar y reconocer tus logros. El esfuerzo que puedes poner supondrá un gran beneficio para tu bien. Haz con los demás lo que quisieras que hicieran contigo. El poner en práctica esta ley te llevará a encontrar que todo egoísmo y preocupación desaparecerán. Tu amor por tus semejantes ocupará el primer lugar. Pensando y viviendo para los demás encontrarás la verdadera libertad. Esta práctica te dará respuesta a muchas preguntas. La práctica es muy importante en cualquier apartado de la vida.

Realizar varias veces algo que se ha aprendido, para adquirir habilidad o experiencia de ello. Es ejercitar un aprendizaje, conocimiento para asentar desde el hábito un patrón que se instale en el subconsciente para después hacerlo en automático. Dando un uso continuado al aprendizaje. Planteando metas muy claras que pone en práctica para conseguir las claves y objetivos propuestos y deseados. Entrenando, ejercitando, practicando llevarás a cabo tus propósitos a realizar.

23.- La culpabilidad.

Sentimiento de inferioridad o inadecuación cuando lo aplicamos sobre nosotros mismos. Reproche que se hace a quien le es imputable una actuación contraria, de manera deliberada o por negligencia, a efectos de la exigencia de responsabilidad. A diferencia de la culpa que es la producción de un resultado típico y antijurídico, previsible y evitable, a consecuencia de haber desatendido un deber de cuidado que le era exigible. La falta de pensar en el merecimiento llevando a expresar nuestras emociones negativas de forma visible, necesitando en ocasiones, taparlas para que nadie perciba lo que ocurre. Siendo personas con un carácter y actitud frías y poco cercanas.

Algunas claves para dejar de sentirse culpable por cualquier cosa:

- Busca las causas de la culpa y actúa en consecuencia.
- Asume tu cuota de responsabilidad.
- Acepta el error y aprende de él.
- Habla de tus sentimientos.
- Perdónate.
- Busca ayuda psicológica.

La mayor parte de las cosas es de no haber recibido amor incondicional. No haber tenido estabilidad.

Por no haber sido escuchados por nuestros referentes. Ni haberse sentido protegido.

Todo se puede cambiar, solo depende de ti. Piensa, que el pasado, pasado es. El futuro es algo incierto que no sabemos lo que puede pasar. Tan solo el presente es el que hay que disfrutar. Vivir el aquí y ahora te conducirá a distinguir la felicidad intima.

24.- La felicidad verdadera.

Esa señora noble, tranquila, altruista y recogida, que mora en el interior del castillo del alma, conociendo, aumentando, comunicando y saboreando sus tesoros. Se asoma con frecuencia al exterior por las ventanas del rostro, y lo hace engalanada con la sonrisa, vestido refulgente del ser racional, que los animales ni las flores más bellas pueden ostentar.

Hay que distinguir la felicidad íntima, tranquila y profunda, basada en la satisfacción perfecta de sus tendencias más nobles, de otra superficial, bulliciosa y vil.

Tres mecanismos psíquicos o factores anímicos: el pensar o darse cuenta, el de querer y el de sentir y exponemos su complemento fisiológico en la expresión externa: La sonrisa.

La felicidad es noble. No hay dicha verdadera en el vicio, objeción o placer ilícito. Tras la satisfacción relámpago de una tendencia parcial y baja, se sigue una amargura profunda y duradera. Las ansias intimas de grandeza verdadera, se ven inhibidas y contrariadas. Tampoco se basa la dicha en riquezas, placeres o poder. Alivian temporalmente, pero no ofrecen a la conciencia una realidad que sacie.

"Suele encontrarse más paz y alegría entre los pobres sin miseria que entre los ricos y potentados".

"La vida presente es el tesoro poseído y la vida futura es tesoro esperado".

"Hay que vivir la verdad, y cuantos mayores conocimientos adquiramos, con mayor claridad, con menor fatiga, mayor satisfacción intelectiva tendremos".

Hay que vivir la bondad, la bondad activa, amando y haciendo felices a los demás, con la infinita de Dios, volcándose sobre nosotros. Nuestra vida ha de ser en el momento presente, que es el único que está en nuestras manos, el único en que podemos hacernos felices. El pasado no existe y el futuro aún no tiene existencia.

Nuestra actividad mental es tónica del sistema, produce alegría, enriquecimiento, paz y descanso.

Siendo la emisora, el proyector o transmisor, representación de sensaciones que percibimos, bien en el cerebro reptiliano, cerebro límbico o en el neocórtex, recogido por nuestros periféricos (sentidos) llevado al cerebro correspondiente que se encarga de transmitir al cuerpo a través de los distintos mecanismos que le hace llegar a las suprarrenales

25.- Mira, escucha y conócete.

Tres verbos ejemplares para una buena transformación, transmutación que nos hace entrar en lo oculto de nuestro interior para conocernos mejor.

Mirar de frente, dirigir la vista hacia algo y fijar la atención en ello, para buscar la adecuada información visual. Nos lleva a atender en el foco y observar la circunstancia de la cosa, el acto o la ocurrencia para reconocer, adquirir detalle sobre el tema. Miradas que vemos con los ojos y retenemos en nuestro pensamiento. A diferencia de ver en un vistazo rápido sin poner mucha atención. El dicho: *Muchos son los que miran y pocos los que ven.*

La escucha, la atención a lo que uno oye, hacer caso del dicho, el consejo o el aviso. Poniendo en ejercicio el sentido del oído.

Según el dicho: *Muchos son los que escuchan y pocos los que oyen.*

Saber escuchar no es solo una actitud, es también una aptitud, una habilidad. Y de las más necesarias en cualquier ámbito de la vida. Saber escuchar ayuda a la persona que nos habla a sentirse respetada, acogida. Mientras escuchamos estamos creando un espacio de interrelación, un puente de conexión.

Conocernos es el averiguar por medio del intelecto las propias cualidades, hechos y cosas.

26.- "La verdad os hará libres".

Del Evangelio de Juan 8, 31-32. Expresión que Jesús dirige a un grupo de judíos. Atados o desatados. Está claro que el que va por la vida con modales desacertados se encontrará con la barrera de la justicia por un lado y por el otro con la conciencia que le quitará el sueño. Conciencia que lo va grabando todo hasta que se llena y empieza a pasar factura.

¿Qué es la verdad? Según el diccionario de la Real Academia: *1. Adecuación entre una proposición y el estado de cosas que se expresa. 2. Conformidad entre lo que una persona manifiesta y lo que ha experimentado, piensa o siente.*

¿Qué es la libertad? *1. Facultad y derecho de las personas para elegir de manera responsable su propia forma de actuar dentro de una sociedad. 2. Estado o condición de una persona que es libre, que no está en la cárcel ni sometida a la voluntad de otro, ni esta constreñida por una obligación, deber, disciplina.*

Unamuno dice: *La libertad está enterrada y crece hacia dentro, no hacia fuera.* La libertad no está en el follaje, sino en las raíces. De nada sirve dejar libre la copa y las ramas y dejar abiertos de par en par los caminos para que crezca, si las raíces se encuentran, al poco de crecer con una roca impenetrable, dura y con tierra árida que priva de vida.

El paso de la esclavitud a la libertad está en conocer la verdad. Echar raíces en nuestro ser, identificando el camino que cada vez más nos hace libres expresando el amor.

27.- Llenarse de bien y amor energético.

¿Cómo me puedo llenar de bien y amor, si solo me vienen pensamientos negativos y destructivos?

No sabemos cómo. Pero es como el viento que sopla hacia donde quiere. Oímos su murmullo, pero no sabemos de dónde viene ni adónde va. A veces te lleva como a una hoja que vuela cuando sopla el viento con fuerza, otra te lleva como si nadases por una corriente bastante pronunciada de un río que baja desbocado de la sierra. Te mueve por caminos inimaginables, desconocidos y difíciles de programar. Ni te hubieras imaginado haber entrado en ese paraíso desconocido, desconcertante, donde la imaginación se expande con total seguridad y fuerza como si supiera hacia donde va. Somos libres para decidir de qué queremos llenarnos. Sin especular de lo que queremos de amor o rabia y odio. Son decisiones, no impresiones de rompecabezas y crucigramas que se van fusionando en nuestro pensar. Decisión para ir por el camino del bien o del menos bueno. Diferentes programas que alimentan a seguir creciendo con el bien, amor, alegría, empatía o destruyendo nuestro propio ser y el de los demás con vientos de tempestad que hacen recibir malos presagios a través de distintas fuerzas que dejan diferentes adversidades inducidas por el soplo del ego que envuelve los remolinos contrarios del amor.

Cuando recibimos el viento fuerte del amor, llega la valentía, seguridad y misión de construir y llenarse de un apropiado y justo afecto para transmitir ternura, cercanía natural que sale desde lo más profundo del corazón, proporcionando una alegría que llena el yacimiento más insondable del ser interior pudiendo alcanzar algo tan inesperado como el más allá. Con otras oportunidades de transformar nuestro propósito de vida al llenarse de bien y amor para compartir todo lo mejor.

28.- El principio del sufrimiento.
Resta energía para tener una vida satisfactoria.

Todos nos sentimos incómodos con el sufrimiento. Muchos son los que durante décadas generan en su propio ser enojos, rabia, resentimiento y malestar, originando circunstancias de padecer adversidades que no desean e inconscientemente lo originan. Nuestro pensamiento irreal origina las distintas incomodidades y sufrimientos que hacen cambiar el desarrollo. *Cuando cambias el pensamiento desaparecen los problemas.* Estamos de acuerdo que el pensamiento es opcional. Sin embargo, solemos elegir las novecientas noventa y nueve formas que nos perjudican ante una que nos puede beneficiar. Al liberarse de los pensamientos que originan el sufrimiento, empezamos a experimentar la sensación de bienestar. Sólo tú eres quien puede poner fin a tu propio sufrimiento, cambiando o invirtiendo tus pensamientos. La mayor parte de las fuerzas tensionales vienen de los pensamientos mentales que generamos de una forma desordenada y sin sentido de un por qué.

29.- Esfuerzo e ilusión.

Todo exige un trabajo, esfuerzo que nadie te regala nada.

Esfuerzo que es saludable siempre que lo haces con amor y por supuesto poniendo toda la ilusión y deseo que nace en tu interior. Esfuérzate cada día por ser algo más, por adquirir algún conocimiento, aprendizaje que te llevará a conseguir tus objetivos y sueños como has visualizado mentalmente para ver realidad el espejismo cumplido.

Tras la dificultad y la desesperanza no hay mejor cosa que un buen optimismo acogido con ilusión y esfuerzo para combatir y así conseguir el reto para llevar a cabo el objetivo presentado.

En ocasiones el itinerario es complicado, largo y escabroso. Para conseguir las metas, hay que ganar las distintas etapas, lo que exige un gran esfuerzo basado en la práctica, práctica y práctica, con muchas horas de entrenamiento hasta poder alcanzar la meta. Con lo que en todo esfuerzo y dedicación llega el culmen de disfrutar del fruto obtenido.

30.- La constancia.

Quien es fuerte infunde ánimo y coraje en los demás.

Pruebas que para llevar a cabo y alcanzar las metas hay que mantener la constancia, manteniendo esa voluntad y esfuerzo para alcanzar el deseo a conseguir. Empeño, perseverancia, firmeza, tesón, sinónimos que esclarecen con más ahínco la constancia, siendo el valor que hace a las personas más fuertes para poder lograr las metas y sueños sin ninguna dificultad. Fuerza de seguir adelante cuando las cosas se ponen difíciles, manteniendo la disciplina de crecer en cada experiencia, formando parte de fallos y errores cometidos en los distintos procesos de la vida, consiguiendo la permanencia en la dirección del objetivo a conseguir.

31.- La gratitud.

Don de valorar el trabajo, esfuerzo y buen hacer de los demás y de las cosas que nos llegan sin nada a cambio. Siendo un sentimiento, emoción y actitud de reconocimiento de un beneficio que se ha recibido.

Humildemente tenemos que tener la gran fortaleza para agradecer de todas las cosas que nos sirven, nos da y concede esa fuente de gratitud que nos pone al servicio nuestro, todas las cosas externas de las que disfrutas. El amor nos ama y la gratitud agradece todo de lo que disfrutas y te sirves, tanto externas como las cosas internas que disfrutamos. Que no falte la actitud de agradecimiento del recibir. Todo lo que damos llega a nosotros con una mayor recompensa. Todo revierte en nosotros al compartir los grandes dones que damos para que siga creciendo la abundancia de la gratitud. No le quites la gratitud a tu hermano, porque al final te lo estarás quitando a ti mismo.

32.- La experiencia señal y fuente de crecimiento.

Cada día es una fuente de aprendizaje que va llegando a nuestro propio yo, nuestro propio ser.

Un día de julio me levanté a las cuatro de la mañana con la intención de hacer un viaje. Después de arreglarme y tomar un tentenpie. Llamé a una central de radio taxi para pedir un taxi. El robot contesta. "Está usted en contacto con radio taxi, esta conversación puede ser grabada" ¿Necesita un taxi para ahora en la calle ... si es así pulse uno, sino pulse dos?

Pulso uno.

Trasladamos el aviso para su servicio.

A los cinco minutos una llamada de teléfono.

¡Diga!

Su servicio de taxi le espera en la puerta de su domicilio.

De acuerdo, ahora salgo.

Contesto, sin darme cuenta, que estoy hablando con una máquina.

Al acercarme. ¿Es usted el Sr. ...? ¡sí!

Vamos al aeropuerto, salida de la T4.

Vale. Voy a parar el contador porque sabe usted que al aeropuerto hay un precio fijo de 30€. Este tique lo pongo aquí para mi jefe y pongo tarifa aeropuerto.

Desde el comienzo empezamos una conversación muy empática que cuando llegamos al aeropuerto me agradeció la conversación. Preguntando si no es una indiscreción ¿Qué es usted?

Independientemente de lo que sea uno. Todo viene en los libros, más los libros de la experiencia, observación y la escuela de la vida. Solo hace falta voluntad, motivación y ganas con una buena actitud de querer aprender lo que le gusta, desea o le llena a uno.

Nos despedimos, y le hago una entrega de mi tarjeta. Quedando muy satisfecho de la conversación llevada a cabo.

Me dirijo a las taquillas de la aerolínea para ver donde estaba la puerta de embarque. Unas grandes colas para sacar el check-in y facturación. Tenía el check-in y no necesitaba facturar equipaje. Por lo que me dirijo a la puerta de embarque. Paso el primer control en las cintas y escáner. Me dirijo a los paneles de información buscando la puerta de embarque. Me sobra tiempo. Espero sentado observando el ir y venir de grupos, colegios y gran cantidad de personas que van y vienen. Cuando sale la información de puerta de embarque me voy hacia ella. Me separa una buena distancia y el paseo es entretenido. Cuando abren la puerta llaman por grupos: Grupo I, II, III y IV que van pasando para el avión. Me dirijo a mi asiento. Al momento llega una pareja. Ella toma la ventanilla y el chico se sienta al lado. Una vez el pasaje colocado, explicaciones rutinarias dadas. El vuelo emprende la salida. Cuando los motores entran a toda velocidad. Observó el pasajero de al lado agarrarse fuertemente al asiento delantero. Su brazo era puro nervio, veía en su cara con ojos cerrados en pura tensión, miedo, pánico, terror se apoderaban de su propio ser. Una vez despegado lo seguía viendo con tal tensión que me llevó a preguntarle.

¿Tiene miedo a volar?

Si, lo paso muy mal.

¿Y quién le impone el miedo?

Yo mismo.

Debe cambiar su pensamiento y disfrutar de este momento.

Tome una respiración profunda abdominal, y al expirar mentalmente dígase: "Cuerpo relajado, cuerpo relajado, cuerpo relajado".

Ahora, tome otra respiración profunda y mentalmente al expirar dígase: "mente relajada, mente relajada, mente relajada"

Vuelva a tomar otra respiración profunda y dígase: "nivel alfa de excelencia, nivel alfa de excelencia, nivel alfa de excelencia"

¿Cómo se encuentra?

Mejor.

En el proceso, observé cómo soltó el asiento delantero, aflojando sus fuerzas tensionales, abría los ojos y parecía que la tensión estresante de su cara desaparecía.

La compañera y él (Antonio) me miraban sin quitar ojo.

Me pregunta, si no es una indiscreción, ¿qué es usted?

Soy coach en control mental.

Creía que era psicólogo o algo así.

Continuamos una conversación muy amena y agradable hablando del Método todo es posible, le di una tarjeta, comentando los grandes beneficios que aportaba las técnicas enseñadas en dicho método. Siendo muy entretenido todo el trayecto. Al final del viaje me agradecieron la conversación. Le acabé diciendo que en cualquier situación que se encontrara, pusiera en práctica lo hablado y observaría la forma de relajarse, sin necesidad de tomarse ningún relajante, y salir de esas fuerzas tensionales.

Cuando abrimos nuestro corazón, dando y enseñando a otras personas como sentirse mejor, también nos lo damos a nosotros mismos. Fue un día estupendo que hice sentirse bien a otras personas, sintiéndome yo muy bien. Cuando uno da, recibe más de lo que da.

33.- Perfección o culpa.

En ocasiones uno es el más perfecto, y la culpa la tiene el compañero o compañera.

Un día voy a enseñar una plaza de garaje a un matrimonio, ella llevaba el coche y él, la moto. Los dos vehículos había que aparcarlos en la misma plaza. Él aparca la moto. Ella procede a aparcar el coche y al dar marcha atrás da en el muro. El marido con malos gestos empieza a decir siempre igual, no se entera.

Intervengo, diciéndole a él: tranquilo que no ha pasado nada. Además, lo que esté hecho, no lo va a cambiar. Todos somos humanos y no somos perfectos. Todos tenemos derecho a equivocarnos. Me mira. Se va a mirar en la puerta del maletero a ver lo que ha ocurrido. Todo estaba bien. ¡Ve, para que se enojó y enojó a su señora sin motivo aparente! ¿Podía cambiar algo después del acto realizado? La calma y la observación hacen a uno analizar el acto desde otro punto de partida.

Vista ya la plaza, conversan entre ellos, no va a ver mucho movimiento del auto al estar de vacaciones y no se lo llevan. Con lo cual deciden quedársela. Al salir la señora hace el comentario. Yo de aquí no soy capaz de sacar el coche.

Le replico: No diga eso. Al decirlo está cerrando la puerta de la iluminación para llevar a cabo la maniobra. Todo lo contrario. Cuando le ocurran estas situaciones debe decir: "Yo puedo, yo quiero y lo voy a conseguir" La mujer decide continuar y saca el coche del garaje sin ningún problema.

El querer es poder. Si te rindes antes, nunca podrás saber si lo puedes conseguir. Siempre hay que intentarlo.

34.- Eres la presencia viva.

Eres libre y sigues siendo como Dios te creo.

¿Por qué no lo eliges? ¿Por qué sigues eligiendo el dolor, el pesar, la crítica, el sufrimiento, la ofensa, la decepción? ¿Por qué no elijo ver las cosas de otra manera? ¿quién te lo impone?

De ti depende ver al otro inocente o culpable. De ti depende ver el dolor, las preocupaciones, la alegría o ver las cosas de otra manera.

Tengo el poder de elegir y decidir, elijo y decido.

La mente es inclusiva: aquello que das recibes, aquello que piensas sientes, en aquello que pones tu intención se agranda. No puedes rechazar algo de tu vida, el rechazo no tiene sentido, rechazar es pensar, la experiencia es el fruto.

En un cambio de trabajo: No lo quiero porque me explotan, me ofenden, pero necesito el dinero. Entonces trabajas, y vives con la ilusión, alegría y elije el júbilo del Señor.

No puedes pensar que el trabajo te quita, te hace mal, no te puedes liberar de ese pensamiento, si lo estas alimentando.

¿Cómo puedo vivir en paz?

Tienes dos opciones: No puedes criticar o juzgar. Tienes que traer esas opciones, obsesiones y amarlas para liberarte de tu enemigo. Si alimentas que el trabajo te hace mal. Estás creando tú mismo el mal.

Cristo es tu mismo trabajo. El rechazo fomenta y agranda lo que estás viviendo. Acepta. Cambia ese pensamiento y piensa que el trabajo es vida, es salud y te llegará un cambio en tu vida y es posible un canje de trabajo. Tú eliges la elección.

¿Cómo voy a disociarme de algo odiándolo?

Tú te puedes asociar o disociar de un lugar. Te puedes asociar poniendo el foco única y exclusivamente en ese lugar. Sin embargo, si te disocias en ese lugar. Tienes que poner el foco fuera del lugar u objetivo que quieres apartar de tu pensamiento y así cambiaras la dirección del lugar. Poniendo el foco fuera y focalizando el territorio que deseas.

Estoy aquí físicamente, pero mi mente puede focalizar el lugar elegido. Estando disociado del lugar y me voy al lugar elegido. Pudiendo elegir el júbilo del creador en lugar del dolor.

Hay una parte de tu mente que quiere cambiar las cosas. Para cambiarlo tienes que amarlo. Cuando cultivas algo lo amas y el resto llegara por añadidura. Este es el primer paso. Las cosas acontecen a lo que hayas permitido. Permítete el infinito amor por ti.

El dolor es un fruto de la circunstancia. El sufrimiento de tu propia invención y a través del rechazo se agranda el dolor.

¿Cuál será la causa del dolor?

¡Que se vaya, que se vaya!

No hay causa, la causa es que estás pensando en el dolor. Si piensas en dolor, dolor, dolor. Estas pensando en el dolor y tendrás dolor. Deja esas sensaciones ahí, permítelas, acéptalas, déjalas ahí mientras descansas, en el júbilo de todo, dejándolo. Asóciate al júbilo del amor, disfruta, siente las cosas, deléitalas. Y el dolor se marchará por sí mismo cuando no tiene capacidad. No lo hagas para que desaparezca. Es fruto de tu pensamiento. Todo lo que no es armonioso y perfecto desaparece.

35.- ¿Cómo puedo amar a mi enemigo?
Haciéndolo tu propio amigo.

Deja de odiarte y empieza a sembrar la semilla del amor. Cuando empiezo a quererme siento fluir en mi mente, en mi corazón y en mi alma, un manar de bienestar y de paz que recorre todo mi interior dejando una sensación de calma.

El amarse conlleva otra serie de valores que van unidos para ser correspondido. Cuando sé, cómo debo hacerlo no me puedo quedar con dicha fórmula abandonando el entorno. Al ser correspondido también tiene que ser compartido. Si te lo quedas para ti, entrarías en el terreno del egoísmo y egocentrismo, donde hay amor no puede entrar el egoísmo. Al compartir soltamos algo que ha sido beneficioso para nosotros y lo será para el entorno.

Anthony de Mello dice:

Sé amigo de ti mismo, y tu yo quedará satisfecho y te dejará en libertad para amar a tu prójimo.

Distintas formas lo hacen posible:

* Sé amable con tu ser, quitándole el poder a tu ego para que en tu interior abunde el amor.
* Cambia el no puedo, por el sí puedo.
* No dejes habitar el rencor y ora con amor. Al regar el árbol del amor siempre crecerá más que el rencor.
* Perdona, el perdón te concede la paz. Al vaciar la mochila y soltar eso, no te perjudicara.
* Dar sin esperar nada a cambio, llegas a sentirte en paz.
* El agradecimiento y la compasión es señal que tienes más de lo que necesitas para compartir. Cuando uno no tiene no puede dar.

Ideas que pueden evitar entrar en guerras y enfrentamientos de tu propio interior.

Tratar a los demás como nos gustaría que nos trataran con respeto y empatía.

Resolviendo el conflicto antes de que crezca más.

Evitando hablar de los demás o de los malos pensamientos, es forma de quitarle fuerza y poder. Y con el perdón es la forma de liberar y liberarse de actos mal dirigidos por desconocimiento o no conocer otra forma mejor.

Hay un dicho que dice: "Si la montaña no viene a mí, yo me iré a la montaña".

Santo Tomás de Aquino dice: *Amar es desear el bien a alguien.*

Cuando el enemigo esté más fuerte, hay que saber mermarlo; cuando esté bien nutrido, hacerle pasar hambre; cuando esté descansado hacerle pasar a la acción. La certeza de tomar lo que atacas significa atacar un punto que el enemigo no protege. Hay que reconocer que en momentos de debilidad y ansiedad nuestro peor enemigo es la mente. Por lo cual para vencer al enemigo hay que conocerse a uno mismo y así podremos ganar las distintas batallas. Cuando no hay un enemigo interior, los enemigos exteriores no nos pueden hacer daño. Hay un dicho que dice: *No es el enemigo que te ataca, es el falso amigo que te abraza.*

36.- Todos tenemos cualidades y equivocaciones.

Aunque era estricto, con el paso del tiempo se vió que era razonable. Cuantas cosas me decía. Independientemente del dolor que me trasmitía cuando llegaba a casa con síntomas de embriaguez. Por lo que hoy le libero y me libero de toda circunstancia. Perdono cuánto dolor y sufrimiento pasé en su día, zanjando todos los enojos y malestar pasados para dejar, soltar y liberar cuanta resignación pueda quedar en mi interior. Quedando con las buenas cualidades que me dejó, enseñó para bien mío. Cualidades que hoy valoro y son de suma importancia. Me viene a la memoria cuando me dijo que no dejara los estudios, lo cual no le hice caso. Con el paso del tiempo tuve que volver a estudiar. Con la diferencia, que primero no quise una taza y luego tuve que tomar dos, trabajo y estudio.

Hoy agradezco todo cuanto me dijo y enseñó. Le doy las gracias por cuanto me aporto para mi vida. Cuánto me enseñó y me pudo dar. Aunque en muchos casos no le hice caso. Algo que con el paso del tiempo me pesó, teniendo que hacer lo que me decía. Agradezco de corazón por cuanto trabajó para que estuviésemos lo mejor posible. Cuántas cosas nos dio con los pocos medios que tenía.

37.- Los consejos no dan dinero, pero ayudan.

La vida es como una tela tejida, cada hilo representa un momento, solo al unirse con los demás hilos, pueden crear una historia completa y hermosa.

El verdadero poder de una mujer u hombre se encuentra en la capacidad de amar y sanar a los demás.

El viento puede soplar fuerte y el agua puede fluir rápidamente, pero una mujer fuerte y sabia siempre encontrará su camino.

No importa cuánto te hieran o te desafíen, siempre mantén tu corazón abierto y sigue siendo gentil.

No permitas que el miedo te controle, aprende a caminar con él y hacerlo tu aliado.

Siéntete orgullos@ de tus cicatrices, son pruebas de que has sobrevivido a las tormentas más fuertes.

Cuando te sientas perdid@, encuentra la paz en la naturaleza y escucha lo que ella tiene que decirte.

Nunca pierdas de vista los sueños, porque son la fuerza impulsora que te lleva hacía adelante.

La verdadera belleza viene de dentro, de la luz que brilla en tu alma y en tu corazón.

Cada día es una oportunidad para aprender algo nuevo y crecer como persona.

No permitas que nadie te haga sentir menos de lo que eres, porque eres como eres gracias a tu fortaleza.

No hay nada más poderoso que una persona que se levanta después de haber caído.

Cada dolor y cada lucha que has enfrentado te han hecho más fuerte y más sabia.

Sé agradecida por las pequeñas cosas, porque son las que hacen que la vida sea hermosa.

La vida es un viaje de altibajos, pero siempre recuerda que tienes el poder de elegir como respondes a tu situación.

Mantén tu mente abierta y tu corazón amoroso y siempre encontrarás la belleza en todo lo que te rodea.

No permitas que tus errores te definan, porque eres más que tus fracasos.

A medida que el pensamiento cambia, los problemas desaparecen.

38.- Persistencia y resiliencia.

La mosca doméstica que me enseñó cualidades de la persistencia y resiliencia.

Llegó a mi cuando estaba sentado en la terraza, se posó en mi rodilla derecha, la observé, y fui acercando mis manos, hasta aplaudir junto a ella, dejándola tocada del ala, cayendo delante de mí medio moribunda patas arriba. La observé como se retorcía, pataleaba, queriendo darse la vuelta, hasta que lo consiguió y empezó a caminar. Parecía tener un ala y una pata trasera rotas.

Persistió en ir andando y coger la pared de la jardinera en vertical hasta llegar a los azulejos vierteaguas, con dirección a las plantas. Le impedí la entrada a las plantas, tirándola al suelo, cayendo otra vez boca arriba.

Volvió a intentar ponerse en pie hasta conseguirlo. Intentó otro camino y volvió a elegir subir la pared de la jardinera buscando la humedad, hasta conseguir llegar arriba. Cuando iba a entrar en la tierra la volví a tirar al suelo. Esta vez cogió otra dirección en sentido opuesto a los elegidos. Anduvo por la terraza como unos cinco metros. La volví a traer a mi lado para observarla mejor e ir viendo sus pasos.

Venía hacia mí queriendo subirse por mi pie izquierdo, impidiéndole subirse. Se desvió al lado derecho donde hay un grifo con una manguera de la que caía alguna gota de agua. Al encontrar la fuente, se estuvo refrigerando quedándose un cierto tiempo. Luego intentó subirse por la pared dirección hacia el grifo y se cayó quedando patas arriba. Volvió a ponerse en pie, volviendo donde caía la gota de la manguera de riego. Estando quieta, movía su cabeza y sus patas como si estuviera bañándose, o tal vez ejercitándose, fortaleciendo y revitalizando la ala y pata rota. Manteniendo su dosis de refrigeración y tal vez de curación.

La persistencia y resiliencia le hacían encontrar los medios y formas para seguir adelante.

Después de dos horas que me salí de la terraza, me fui a cenar. Cuando vuelvo a la terraza me siento en una tumbona, eran las 10:30 de la noche. Cuando en la oscuridad, siento que me está subiendo por la pierna izquierda algo, enciendo la linterna del teléfono y es la mosca de las cualidades. Fue sorprendente, la constancia y resiliencia que me demostró. Todo ello al observar algo tan insignificante como una mosca doméstica grande, dando ejemplo, que, si el enemigo no está contigo, únete a él, y acabarás ganándole como amigo.

Zanjando todo el comer de coco que te puede llevar el odio, rabia y resignación. Al empezar a amarlo y aceptar las circunstancias, rompes esa resistencia, creando el núcleo de la transformación que te hará ser libre y vivir sin el remordimiento que tu ego está deseando que sigas en esa brecha del odio y rabia, quitando tu paz interior. Ama y serás correspondido. Odia y serás enfrentado. No dejes de acogerte a lo que mejor te haga sentirte para crecer y dar mucho fruto.

39.- Sé tu propio espejo.

La visión que tenemos de nosotros mismos proviene de la opinión de las personas que nos rodean, paradigma social, percepciones visuales, auditivas y kinestésicas del reflejo de nuestro entorno. Mapas sociales que determinan teorías deterministas que explican la naturaleza de nuestro propio yo, de nuestro ser.

Contamos con la relatividad **relacionado genético** donde la culpa es de los abuelos. Donde el ADN pasa de generación en generación heredando todas las cualidades, defectos y genios de las generaciones pasadas.

Relatividad Psíquica donde la culpa la tienen los padres. Sus experiencias infantiles, educación y carácter establecieron las tendencias y formación del ser. Siendo culpable de la impresión emocional recibida cuando eran vulnerables, dependientes. Recordando los castigos, rechazos, comparaciones y problemas emocionales cuando uno no se comportaba de acuerdo a las situaciones presentadas por los progenitores.

Relatividad ambiental donde la culpa es de la sociedad, los medios de comunicación, entorno social político económico que le rodea, formando y creando mapas del territorio personal que refleja el espejo natural de nuestro interior.

Lo que nos sucede de niños da forma a nuestro carácter y personalidad, y gobierna básicamente la totalidad de nuestra vida, estando fijados nuestros parámetros y límites de nuestro ser.

40.- La libertad ultima.

Según lo llamó el psiquiatra Víctor Frankl. La libertad interior que sus carceleros no podían quitarle nunca. Ellos podían controlar todo su ambiente, hacer lo que quisieran con su cuerpo. Pero él era autoconsciente de observar la participación de los hechos, quedando su identidad interna intacta. En su interior él podía decidir de qué modo podía afectarle todo aquello. Entre lo que sucedía y sus estímulos, estaba la respuesta. Esa era la libertad interior y el poder de cambiar la situación de las circunstancias. Sus pensamientos le llevaban a viajar con la visualización, con las ilusiones que él quería y le hacían feliz, apartando de su foco todo lo exterior de lo que visualmente percibía. La imaginación le transportaba a lo que internamente quería y así cambiar todo estímulo que en el exterior estaba padeciendo, sin saber que mañana podía pasar por la cámara de gas.

Las disciplinas mentales, emocionales y morales usando la memoria, la imaginación y visualización le llevó a ejercitar la embrionaria libertad interior, que, con la práctica, práctica y práctica, consiguió generar el hábito que engendró el patrón de su propia libertad interior, algo que ni los carceleros ladrones consiguieron robarle, al desarrollado aprendiz preso de por la inocencia. *Donde los nazis tenían más libertad exterior, de donde él dejaba de focalizar, con observación.* Focalizando la libertad interior donde tenía su gran poder. Ayudando a otros a encontrar un sentido en la vida de prisionero en su sufrimiento y dignidad para vencer las degradantes circunstancias, y adquirir el privilegio de la libertad interior.

Siempre tendremos la libertad interior de elegir.

El ocio

Actividad fuera de nuestras obligaciones. Es tiempo recreativo esencial e importante. Incluso si lo tomamos como entretenimiento, sería bueno hasta en el trabajo, o tareas impuestas en nuestra vida diaria. En ese tiempo ocupacional cuando se toma con agrado, sintiéndose bien y disfrutando de todo lo que se hace, vendría a igualarse con el tiempo de desocupación, con una libertad impuesta dentro de las obligaciones.

Por otro lado, el ocio nos deja la libertad de elegir un desarrollo personal como autonomía para la creatividad, mayor autoestima, favoreciendo buenas relaciones personales, desarrollando una actitud de movilidad y crecimiento cerebral. El ocio nos lleva a la realización de actividades, movimiento corporal, aprendizaje en conocimiento haciendo salir de nuestra zona de confort. Obligaciones personales libres de estar sujetos a un horario de los deberes impuestos por el trabajo.

Nos puede llevar a una buena calidad de vida, acompañada de gran felicidad, llegando así a llenar las distintas dimensiones del ser: el cuerpo, al ejercitarlo y mantenerlo en forma; la mente, ampliando conocimiento y teniéndola activa; las relaciones, la vida social siendo importante para el campo de la comunicación; contamos con la vida interior, llena de satisfacciones y bienestar, donde la felicidad forma un elemento estimulante de la productividad. Donde se puede disfrutar del trabajo, siempre que se ejercite con un buen sentido de inacción para encontrar los distintos logros que de él se extraen.

¿CÓMO PUEDES CAMBIAR TU ESTADO MENTAL?

No hay mejor cosa que dar la vuelta a la tortilla, teniendo el pensamiento positivo y constructivo. Aceptando las adversidades y acogiendo el dicho: "no hay mal que por bien no venga"

Emociones limitantes que paralizan y no dejan crecer. Entre ellas el miedo, siendo un extraño en los caminos del amor. Al identificarte con el miedo te vuelves un insólito ante tus propios ojos. Es adentrarte en la oscuridad para no ocultar nada. Al no haber nada que ocultar, aunque pudieras hacerlo. Entrarías en un paso de liberación del miedo. Encontrando la paz con el acto de perdonar completamente. No pudiendo comportarse con eficacia mientras operes en diferentes niveles. *No se puede estar en misa y tocar las campanas a la vez.* No podrás controlar por tu cuenta los efectos del miedo, porque el miedo es tu propia invención y crees en lo que has inventado.

Creer en algo produce la aceptación de su existencia, siendo para ti verdad, porque tú lo inventaste. Todos los aspectos del miedo son falsos, porque no existen en el nivel creativo.

Donde el amor perfecto expulsa el miedo. Si hay miedo es que no hay amor perfecto. El conflicto del miedo erradica en una creación falsa, al estar fuera de control. Al creer que no puedes controlar porque tú mismo lo has creado. Todo intento de dominar el miedo es inútil. De hecho, no hace nada más que corroborar su poder al intentarlo dominar. La verdadera solución descansa enteramente en alcanzar el dominio por medio del amor. La mejor defensa como de costumbre, consiste en no atacar la posición del otro, sino más bien en proteger la verdad. Con frecuencia la persecución termina en un intento de justificar. El sacrificio procede únicamente del miedo, y los que tienen miedo pueden ser crueles.

Los buenos maestros nunca aterrorizan a los estudiantes, aterrorizar es atacar y, como resultado de ello se produce un rechazo de lo que el maestro ofrece, malogrando el resultado de aprendizaje.

El bien puede resistir cualquier clase de mal, al igual que la luz disipa cualquier clase de oscuridad. Es imposible concebir la luz y la oscuridad al mismo tiempo. La percepción verdadera o inocente, significa que nunca percibes falsamente y lo ves correctamente. Dicho de otra manera. No ves lo que no existe, al ver lo que existe.

Tus acciones de hoy es conseguir lo que quieres hoy. Al decirle a tu mente lo que quieres es programar tu mente para alcanzar tus deseos.

Haz tu tablero de visualización para provocar la acción. Actualiza tu software. Ver para creer. Crea tu tablero de ilusiones, genera tus acciones. Pon imágenes de las cosas y experiencias que quieres vivir. Hacer y ver te inspira para saber lo que quieres. Tu trabajo es el deseo de lo que quieres, al comunicarlo a la mente le facilitas el trabajo. Compartir tu tablero de visión, lo que más quieres, ponerlo por escrito en los lugares más visibles, son ideas que las tienes más presentes para atraer lo deseado.

Ideas clave:

- La mente funciona como cualquier transmisor y necesita actualizaciones, como cualquier software.
- Nuestras acciones son consistentes con nuestras creencias y pensamientos.
- La neuroplasticidad es la capacidad del cerebro de cambiar. Cuando cambiamos nuestra forma de pensar, nuestro cerebro y nuestras acciones se reprograman.
- Nuestros pensamientos los podemos ir moldeando para conseguir lo que queremos.

En tu interior yace el gran poder para manejar tu propio barco, de ti depende. No dejes de intentarlo. Tú puedes, tú vales y lo puedes conseguir.

Querer es poder.

Agradecimiento

Quisiera dejar este agradecimiento a personas queridas que, aunque no están físicamente me han acompañado en el caminar de la vida. A mi familia que siempre han dejado esa semilla de amor que con gran fuerza engendro en mi ser. A mis amigos que aportaron lo mejor en todo momento. A los enemigos que en su enojo me enseñaron lo que no debo hacer, dando grandes clases para el aprendizaje de la vida. A cuantas personas que me animaron a escribir este pequeño libro, lleno de sencillez para un fácil entendimiento al alcance de cualquiera. A tantas personas que me han hecho el camino más llevadero para llegar hasta aquí y poder continuarlo desgranando la mazorca con esa paciencia y el gran amor para hacerlo todo más fácil.

A todos ellos, gracias, gracias, gracias. Muchas gracias.

Libros recomendados

-*La Sagrada Biblia* - Traducción de la vulgata latina por el P. Petisco, S.J. Profesor de la universidad de Salamanca. Publicada por el Ilustrísimo señor Félix Torres Amat, Grupo editorial Océano, S.A. 20 de mayo de 1983. Paseo de Gracia, 26, 08007 Barcelona.

-*Usted puede sanar su vida* - Louise L. Hay 29 edición Urano, S.A. 1989. Aribau,142, pral. 08036 Barcelona.

-*La lógica del síntoma* - Laurent Daillie. 2014- Ediciones Berangel SARL Berangel 10 Rue Fallieres, 34725 Saint André de Sangonis.

-*Los sueños y su significado* - Dr. Leoncio Sureda. Ediciones Petronio, S.A. 1975, impreso por Emege, Londres, 98 Barcelona.

-*La ley de atracción* - Esther y Jerry Hicks. Ediciones Urano, Aribau, 142, Pral.- 08036 Barcelona.

-*El secreto* - Ronda Byrne - Ediciones Urano- 2007. Aribau, 142, pral. 08036 Barcelona.

-*La rueda de la vida* - Elisabeth Kübler-Ross. Ediciones B. S.A. Barquillo, 21. 28004- Madrid.

-*El poder del ahora* - Eckhart Tolle. Ediciones Gaia, 2001. Alquimia, 6 – 28933 Móstoles (Madrid)- España.

-*12 reglas para vivir* - Jordán B. Peterson. De la traducción, Juan Ruiz Herrero, 2018. Editorial Planeta, S.A. 2023. Avinguda Diagonal, 662, 6ª planta. 08034 Barcelona.

-*Si lo crees, lo creas* - Brian Traci con la Dra. Cristina Stein. Grupo editorial Penguin Random House, 2023. Travesera de gracia, 47,49. 08021 Barcelona.

-*Todo es posible* - Luis Pérez Santiago. 2017, Editorial EDAF. S.L.U. Jorge Juan, 68, 28009 Madrid.

-*La interpretación de los sueños* - Sigmund Freud. Ed. Cast.: Alianza Editorial, Madrid, 1ª ed. 1966, 2ª ed. 1968 Maestro Alonso, 21, Madrid.

-*Creatividad y plenitud de vida* - Antonio Blay Fontcuberta. Ediciones Omega, S.L., 2016, Plato,26- 08006 Barcelona.

-*Piense y hágase rico* - Napoleón Hill, 1990 Penguin Randon House Grupo editorial, S.A.U., Travesía de Gracia, 47-49. 08021 Barcelona.

-*10% humanos* - Alanna Collen. Edición RBA libros, S.A. 2009, Avda. Diagonal, 189 – 08018 Barcelona

-*Biología al límite* - Johnjoe Mcfadden Jim Al-khalili. Ediciones RBA libros, S.A. 2019, Avda. Diagonal, 189 – 08018 Barcelona.

-*Cerebro los secretos del órgano más completo* – National Geographic. Edición RBA libros y publicaciones, S.L.U., 2017. Avda. Diagonal, 189 – 08018 Barcelona.

-*La vida simbólica* - Carl Gustav Jung. Editorial Trotta, S.A., 2009, Ferraz, 55. 28008 Madrid.

-*Iatrogenia la medicina de la bestia* - Enric Costa i Verger. Editorial nativa Cauac. Enero 2021, Murcia.

-*Salud y felicidad* - Ángel Cornago Sánchez. Editorial Sal Terrae, 2017, Grupo de comunicación Loyola, Polígono de Raos, Parcela 14-I 39600 Maliaño (Cantabria) – España.

-*Me encanta ser yo mismo* - Naomi Richards y Julia Hague. Ediciones Mensajero, 2017 Grupo de comunicación Loyola, Padre Lojendio, 2- 48008 Bilbao.

-*Manual de vida* - Epicteto. Editorial Planeta, S.A., 2021 Av. Diagonal, 662-664, 08034 Barcelona.

-*Optimismo y salud* - Luis Rojas Marcos. 2020, Penguin Random House Grupo Editorial, S.A.U.

-*Audaz, productivo y feliz* - Robín Sharma. 2015, Penguin Random House Grupo Editorial, S.A.U. Travessera de Gracia, 47-49. 08021 Barcelona.

ÍNDICE

Segunda parte
DESARROLLO DE TÉRMINOS

Tercera Parte
LA REFLEXIÓN